Les croyances de base

LES CROYANCES DE BASE

Une introduction à la théologie chrétienne

Edition révisée

Donald E. Demaray

Editions Foi et Sainteté
Paris • Johannesburg • Montréal • Port-au-Prince • Kansas City

Titre original : *Basic Beliefs*. © 1992 Light and Life Communications, Indianapolis, IN (ETATS-UNIS).

Nouvelle édition révisée, 2006 Editions Foi et Sainteté

Traduit et adapté de l'anglais par Gene Smith et Roberto Manolly. Rédaction par Scott Stargel et Nelson Sadrack.

Sauf indications contraires, les citations bibliques renvoient à la version Segond, édition de 1910. Les italiques, crochets et parenthèse que l'on rencontrera dans les textes bibliques et ailleurs sont de l'auteur ou des rédacteurs.

ISBN 978-1-56344-197-4

DIGITAL PRINTING

Dédicace

à mon père
C. Dorr Demaray
ministre fidèle de l'Evangile

Avant-propos

Actuellement, il est devenu populaire dans les églises et les écoles supérieures d'avoir des classes sur la doctrine chrétienne. Ce livre est désigné comme guide pour de telles études. Son but est d'aider dans la compréhension des points essentiels de la foi chrétienne. En accord avec ce but, chaque chapitre a été tenu simple et bref. Tout de même, son usage ne doit pas être restreint aux études en groupes seulement. On a tenu compte des besoins personnels et des intérêts des chrétiens et de ceux qui cherchent à apprendre plus concernant la foi chrétienne.

Nous avons suivi la méthode des esquisses pour faciliter la lecture et l'étude. De l'aide supplémentaire se trouve à la fin de chaque chapitre sous la forme des textes bibliques à lire et des questions à discuter.

C'est notre espoir que cette étude aidera à clarifier plusieurs aspects de la foi chrétienne et à augmenter notre connaissance de ses enseignements de base. Nous espérons aussi que l'accent mis sur la doctrine donnera les résultats d'une conduite chrétienne conséquente et d'un témoignage efficace du pouvoir de Jésus de changer les vies. L'Evangile en un mot est que Christ le sauveur peut changer un homme méchant en un homme bon. C'est ce message que nous devons proclamer du haut des toits à un monde coupable et nécessiteux.

Walter Helsel, Professeur de Religion à Seattle Pacific College a lu le manuscrit de ce livre et a donné des suggestions pratiques. Nous sommes reconnaissants pour son aide. Quatre étudiants diplômés de cette même université—Palmer Gordon Brown, Jim Davis, Peter Hori et Lowell Noble—ont présenté des suggestions et des critiques utiles.

— *Donald Demaray*

1
DIEU EXISTE-T-IL VRAIMENT ?

Il y a beaucoup de raisons de croire que Dieu existe. Nous ne pouvons pas examiner toutes ces raisons dans un seul chapitre, mais quelques-uns des principaux arguments sont résumés ci-après.

L'ARGUMENT COSMOLOGIQUE

Il y a un très vieil argument pour l'existence de Dieu, connu comme l'argument cosmologique. C'est l'un des arguments philosophiques les plus anciens et les plus convaincants en faveur de la croyance en l'existence de Dieu. Cet argument se résume ainsi : Notre monde compliqué n'aurait pas pu prendre naissance simplement par hasard. Quelque chose ou quelqu'un a dû le créer.

Il serait absurde de regarder une maison très bien construite, d'admirer son plan pratique, puis de dire que cette maison est apparue tout à fait par hasard, sans l'aide d'un architecte ou d'un constructeur. De même, il est ridicule d'observer le monde magnifique qui nous entoure, tout en ordre, suivant les lois précises de la nature, et de dire que c'est arrivé par hasard.

Les arbres avec leur système complexe de nutrition et de croissance, ou les plantes avec leur capacité de produire des bourgeons et puis des fleurs épanouies : de telles choses n'auraient pas pu surgir par hasard. Le corps humain, aussi, est étonnant : la naissance, l'existence continue grâce à la respiration, la circulation du sang et la digestion nous démontrent que le Créateur a

Les croyances de base

fait nos corps. Parlant de l'œil, Spinoza, le fameux philosophe juif hollandais du 17ème siècle, a dit qu'il ne pouvait pas concevoir quelqu'un qui après avoir fait une étude sérieuse de l'œil humain refuserait de croire en l'existence de Dieu. Spinoza disait que l'œil est un instrument si remarquable qu'il est impossible qu'il soit le produit du hasard. Il faut qu'il y ait un créateur ou un inventeur de l'œil.

Prenez comme autre exemple le mécanisme de la pensée chez l'homme. La pensée est un processus très complexe et ne pourrait exister sans un créateur. A ce sujet C. S. Lewis, philosophe et écrivain anglais, nous a fascinés en présentant un dilemme à l'athée. Dans son livre *The Case for Christianity* [Une apologie du christianisme], il dit :

> *Supposez qu'il n'y avait pas d'intelligence derrière l'univers, pas de pensée créatrice. Dans ce cas, personne n'a créé mon cerveau afin qu'il puisse penser. C'est seulement quand les atomes à l'intérieur de mon crâne s'arrangent, pour des raisons physiques ou chimiques, d'une certaine manière, que cela me donne la sensation que j'appelle la pensée. S'il en est ainsi, comment puis-je croire que mes pensées sont vraies ou justes ? C'est comme si vous aviez versé un pot de lait, en espérant que ce lait versé s'arrangerait bien pour vous donner une carte de la ville de Londres. Mais si je ne peux pas croire ma propre façon de pensée, donc je ne peux pas croire les arguments qui mènent à l'athéisme, et par conséquent je n'ai pas de raison d'être athée ou n'importe autre chose. Si je ne crois pas en Dieu, je ne peux pas croire non plus que la pen-*

sée existe ; ainsi je ne peux jamais employer la pensée pour ne pas croire en Dieu.

Oui, Dieu a inventé nos processus de raisonnement ; ou en d'autres termes, le fait que la pensée existe énonce que Dieu existe.

En résumé, Dieu nous parle par sa création, annonçant par son dessein merveilleux sa propre existence. Il n'est guère étonnant que Francis Bacon ait dit : « Je préférerais croire à toutes les fables du Talmud et du Coran que de croire que l'univers s'est fait sans intelligence. » Même Voltaire, au 18e siècle, fut forcé de briser les liens de son scepticisme, car il s'est écrié : « Si Dieu n'existait pas, il faudrait l'inventer. » La difficulté avec le scepticisme est qu'il nous demande de croire trop. Il nous demande de douter de l'existence d'un créateur derrière la création. Il nous invite à douter de l'existence d'un inventeur derrière l'invention. C'est pourquoi toute doctrine qui met en question la croyance en Dieu est très difficile à accepter.

A. La loi ou Dieu ?

Mais il existe des gens qui demeurent sceptiques. Ils disent que c'est une loi naturelle plutôt que Dieu qui fait marcher l'univers. Une rose produit un bourgeon et puis une fleur, non parce qu'il y a un Dieu, mais parce que les lois de la vie des plantes dictent que la rose agisse de cette façon. Sir Isaac Newton (mathématicien et philosophe anglais du 18e siècle) a établi que l'univers est contrôlé par une série de lois. Newton lui-même, homme très religieux, a vu Dieu comme le créateur et l'utilisateur de ces lois, et il n'a jamais imaginé que d'autres mettraient la loi naturelle à la place de Dieu.

Les croyances de base

Mais c'est exactement ce qui s'est passé ; la croissance et la reproduction de la vie dans ses formes variées : les plantes, les animaux, les humains étaient tôt ou tard attribuées aux processus naturels plutôt qu'à Dieu. On a suggéré que le bourgeon et la fleur n'aient pas été le résultat de l'activité divine, mais le résultat des lois naturelles existantes. A partir du 19ème siècle cette idée était devenue très acceptée.

B. L'opinion actuelle

Aujourd'hui, à cause de cette attitude très répandue vis-à-vis de la loi naturelle, l'argument cosmologique est très convaincant pour quelques-uns, mais pour d'autres ce n'est pas le cas, en raisons de leur éducation et de leur contexte culturel. Le fait qu'aujourd'hui beaucoup ne sont pas convaincus par cet argument et par d'autres en faveur de l'existence de Dieu, a poussé de nombreux théologiens à repenser leur manière d'enseigner la croyance en Dieu. Notons ce que les théologiens disent maintenant.

1. Les érudits en théologie insistent que la Bible n'essaie pas de prouver Dieu. La Bible *admet* l'existence de Dieu dans les premiers mots de son introduction : « Au commencement, Dieu créa les cieux et la terre. » Elle ne donne pas d'arguments pour son existence. La Bible n'essaie pas de décrire Dieu. Le Seigneur dit simplement à Moise : « JE SUIS CELUI QUI SUIS » (Exode 3.14).

2. En outre, les théologiens demandent : Qui est l'homme pour qu'il s'arroge le droit de « prouver » Dieu ? Cette même question fut posé à Job, il y a longtemps de cela, par un de ses trois amis : « Prétends-tu

sonder les pensées de Dieu ? » (Job 11.7). L'homme est limité et sa raison est limitée ; l'homme n'est pas capable de démontrer Dieu. Ce n'est pas que nous devions abandonner les arguments en faveur de l'existence de Dieu, mais que l'argument cosmologique et les autres arguments ne sont pas des preuves complètes. Ces arguments sont *suggestifs,* mais ne donnent pas de *preuve finale.* Tout philosophe sait cela, car il sait très bien que l'on ne peut pas se fier complètement à la raison humaine.

3. En réalité, il ne revient peut-être pas à l'homme de prouver l'existence de Dieu. Qui donc va la prouver ? Dieu lui-même le fera ! Dieu seul est capable de démontrer qui il est. Quand quelqu'un suggère que Dieu n'existe pas, peut-être, disent les théologiens aujourd'hui nous n'avons pas à brandir nos arguments comme par le passé. Ce que St Jérôme dit de Christ, « Laisse le lion sortir de sa cage ; il se défendra lui-même », est vrai de Dieu aussi. Les arguments contre l'agnostique ou l'athée ne font que les pousser à produire encore plus d'arguments contre l'existence de Dieu. Il se peut que les arguments de l'homme en faveur de l'existence de Dieu l'empêchent en fait de prouver son existence. C'est possible que ce *silence* est le meilleur argument que l'homme puisse donner en guise de réfutation.

4. Mais si nous laissons le lion se défendre, comment le fera-t-il ? Nous savons que Dieu emploie tous les moyens dont il dispose pour se faire connaître. Dieu nous a donné la Bible, il appelle des prédicateurs pour proclamer ses vérités, et il a envoyé son Fils pour qu'il nous le révèle. La Bible est la *Parole écrite.* Aujourd'hui,

Les croyances de base

les prédicateurs nous donnent la *Parole parlée* : et Christ est la *Parole vivante*. Dans chaque cas, la Parole concerne Dieu et déclare son existence. Qui peut subir l'influence illuminatrice de la Bible et douter de Dieu ? Qui peut écouter non seulement avec les oreilles, mais aussi avec le cœur la prédication correcte de l'Evangile, et puis dire que Dieu n'existe pas ? Qui peut connaître Christ comme une personne vivante et mettre en question la personne de Dieu ?

Et par-delà ces trois—la Bible, la prédication et Christ—Dieu proclame sa présence. En fait, il emploie chaque expérience humaine pour s'annoncer et se révéler. Et nous pourrions ajouter que si l'homme n'entend pas le message, c'est de sa propre faute et non de la faute de Dieu.

5. Tout cela aboutit à la foi personnelle. Comment sais-je qu'il y a un Dieu ? Parce que j'ai *la foi* en lui. Mais peut-être quelqu'un dit : Je ne peux pas croire qu'il existe et je ne peux pas avoir foi en quelque chose qui n'existe pas. Eh bien ! c'est justement le problème. Pour celui qui est *en dehors* de la communauté chrétienne il est difficile, si non impossible de croire complètement en Dieu. C'est pourquoi l'argument cosmologique souvent ne convainc pas l'incroyant, mais il satisfait le chrétien. Les yeux spirituels de l'incroyant sont couverts d'écailles et il ne peut pas voir Dieu. Mais le croyant n'est plus aveugle. Pour lui, la foi est facile ; elle est naturelle (1 Corinthiens 2.9-12).

Cela nous amène à l'affirmation théologique que la foi doit précéder la raison. Ce n'est pas que la raison ne sert à rien, mais plutôt que la raison ne peut pas fonctionner correctement jusqu'à ce que la foi lui donne la direction. La raison sans la foi ne peut pas aboutir à une compréhension religieuse complète. C'est pourquoi le théologien Anselme (1033-1109 après J.-C.) a dit : « Je crois pour que je puisse comprendre. » Pour lui la croyance, ou la foi, rendait possible l'emploi correct de la raison, ce qui conduit à la compréhension.

L'ARGUMENT MORAL

Vous êtes-vous jamais demandé d'où vient votre idée du bien et du mal ? Voici une autre question : saviez-vous que les gens du monde entier et pendant tous les siècles avaient une idée du bien et du mal ? Ils l'ont eue dans le passé et ils l'ont encore aujourd'hui ; et les anciens peuples ont identifié ce fait avec ce qu'ils appelaient la loi naturelle. Ils ont pensé que par leur nature tous les hommes avaient une certaine idée du bien et du mal. A vrai dire, il y avait une minorité qui n'avait pas ce sentiment, mais ces gens étaient l'exception, comme ceux qui sont frappés de daltonisme (incapacité de distinguer les couleurs) ou d'amusie (surdité musicale) sont des exceptions. Mais les gens normaux à travers les siècles ont eu une idée générale de ce qui est bien et de ce qui est mal.

Il est vrai que les notions de bien et de mal ont été diversement définies à travers les siècles et parmi les différentes civilisations. Mais chacun a eu une certaine idée du bien et du mal ; en d'autres termes, le concept du bien et du mal lui-même a toujours existé. Et il est étonnant de constater comment les codes de morale ont été similaires à travers les siècles et parmi les diverses cultures. Les gens ont toujours su très bien que le meurtre, la promiscuité et le vol étaient des actions mauvaises, et que tout ce qui était de franc jeu était bien.

D'où avons-nous reçu cette connaissance du bien et du mal ? La réponse à cette question est simple : Dieu.

A. La connaissance morale et l'instinct

Mais certains ont suggéré que la connaissance morale ne soit pas du tout de Dieu, mais que c'est un instinct. C. S. Lewis dit que la connaissance morale n'est pas un instinct, tel que celui de conservation de soi, mais que c'est une qualité de la personnalité ou de l'âme. Quand on voit un homme qui se noie, dit Lewis, deux instincts entrent immédiatement en jeu : l'un est de sauver l'homme, l'autre est de se protéger. Mais il y a un troisième facteur qui intervient peu après ; c'est un appel plus élevé qui fait sentir que l'on *doit* aider l'homme qui se noie. Cet appel plus élevé est un sens d'*obligation*. Ce troisième facteur est distinct des deux premiers : c'est un facteur moral, tandis que les deux autres sont purement instinctifs.

Un sentiment d'obligation morale n'est pas un instinct. C'est une qualité de l'esprit humain, placée dans l'homme par Dieu lui-même, et c'est là une preuve de Dieu. Même si c'était un instinct, il nous faudrait quand même répondre à la question concernant l'origine de l'instinct.

B. La connaissance morale et l'éducation

Il y a encore d'autres qui disent que la connaissance morale ne vient pas tant de Dieu que de l'éducation. Nous apprenons au sujet du bien et du mal à la maison, à l'école et à l'église ; par nos ancêtres, nos parents, nos amis ; à travers les livres que nous lisons, etc. Tout cela est bien vrai, mais cela ne répond pas à la question de l'*origine* du bien et du mal, et à celle du concept du bien et du mal. D'où nos ancêtres ont-ils eu l'idée en premier lieu, pour nous la transmettre ensuite.

Kant, le grand philosophe allemand, a dit qu'il y avait deux choses qui ne cessaient jamais de l'étonner : l'une était le ciel étoilé (qui suggère l'argument cosmologique que nous avons discuté auparavant), l'autre était la loi morale inscrite dans le cœur. Ce même étonnement a poussé le poète inspiré à écrire le Psaume 19. Lisez-le ! C'est cette loi morale dans le cœur de tout homme (ce sentiment de devoir ou d'obligation) qui n'est pas simplement le résultat de l'éducation, mais le don de Dieu. Si c'est le don de Dieu, il doit donc exister pour le donner.

RESUME

Les quatre arguments classiques en faveur de l'existence de Dieu sont présentés ci-dessous. Le rapport des deux premiers à ce qui a été présenté dans ce chapitre comme l'argument cosmologique peut se voir immédiatement. Le troisième argument est complexe, mais mentionné quand même ici. Le quatrième argument a été esquissé dans ce chapitre.

L'argument cosmologique se réfère à la première *cause* de l'univers. Le mot grec *kosmos* signifie univers ou monde. Il doit y avoir une cause pour ce qui est : l'univers et le monde, et tout ce qu'ils contiennent. Nous croyons que cette cause est Dieu.

L'argument téléologique souligne la présence d'un *but* dans notre monde : l'eau c'est pour la boisson, le soleil c'est pour la lumière, les fruits sont pour la nourriture, etc. Le mot grec *telos* signifie *fin* ou *but*. Tout a un but précis ; ce fait implique un planificateur derrière ces choses qui ont des buts et dans notre monde et notre univers qui ont des buts (voir les Psaumes, surtout le Psaume 104).

L'argument ontologique (l'ontologie est la science de l'être en général) est assez difficile à comprendre, mais c'est important. Anselme (théologien et philosophe vivant entre le onzième et le douzième siècles) a peut être donné la meilleure définition de cet argument : « L'idée de perfection renferme l'existence, car ce qui n'existe pas sera moins que parfait ; donc, puisque nous avons l'idée d'un être parfait, cet être doit exister parce que l'idée renferme son existence, ou il serait moins que parfait. »

L'argument moral (expliqué dans ce premier chapitre) se résume ainsi : il doit y avoir un Dieu (une cause) pour expliquer le sentiment du bien et du mal dans chaque homme. L'homme peut reconnaître ce qui est bon, son devoir et une loi morale parce qu'il y a un Dieu qui lui-même a mis dans chaque homme cette capacité à reconnaître ce qui est bien et ce qui est mal.

Lecture biblique

Genèse 1 — 2 ; Exode 3.13-17 ; 1 Corinthiens 2.9-12 ; Psaume 19 ; Psaume 104.

Questions à discuter

1. Pourquoi l'existence de la pensée nous suggère-t-elle l'existence de Dieu ?

2. Certains diraient que l'œil est le résultat de siècles d'évolution plutôt que la création directe de Dieu. Etes-vous d'accord avec Spinoza quand il dit, au contraire, que l'existence de l'œil démontre l'existence de Dieu ?

3. Distinguez entre la loi et Dieu.

4. Comment répondriez-vous à une personne qui voudrait argumenter contre l'existence de Dieu ?

5. Croyez-vous vraiment que Dieu utilise tous les moyens dont il dispose pour se révéler à nous ?

6. Pourquoi est-il souvent difficile pour celui qui n'a pas été né de nouveau de croire que Dieu existe ?

7. Qu'est-ce que l'argument moral, et comment nous aide-t-il à croire dans l'existence de Dieu ?

2
QUI EST DIEU ?

Poser la question, « Qui est Dieu ? », c'est poser à la vérité une grosse question. En fait, on ne peut pas y répondre complètement. Notre connaissance de Dieu n'est que fragmentaire, car Dieu lui-même est autre, *transcendant,* comme on dit en théologie. Cela veut dire qu'il est très « éloigné » et difficile à saisir pour le connaître au fond. Connaître Dieu n'est pas aussi simple que de dire que deux plus deux font quatre. Connaître Dieu est toujours complexe, et si nous n'avions pas la Bible, la nature et spécialement Jésus-Christ qui est venu pour nous montrer la nature de Dieu, nous n'aurions pas d'information concernant Dieu.

Mais voyons ce que nous connaissons concernant Dieu.

DIEU EST UN ESPRIT UNIQUE, PARFAIT ET PERSONNEL

Nous savons au moins que Dieu est un esprit unique, parfait et personnel. Divisons cette phrase en ses parties composantes et analysons-la.

A. Dieu est esprit

La Bible n'essaie nulle part de définir Dieu. La seule tentative de description de Dieu se trouve dans l'histoire racontée en Jean 4, où Jésus parle à la femme samaritaine et dit : « Dieu est esprit, et ... ceux qui l'adorent, l'adorent en esprit et en vérité » (v. 24). Un esprit est *réel* mais *invisible*. Parfois nous pensons qu'un esprit est une sorte de vapeur parce que nous ne pouvons pas le voir, mais l'Esprit de Dieu n'est pas de chimérique : son Esprit est réel car il est la source de toute réalité.

B. Dieu est un esprit personnel

Dieu est un être personnel, intelligent, moral. La nature et les Ecritures Saintes nous amènent à cette conclusion. Il est doué de raison, c'est-à-dire capable de diriger ses propres activités et de penser pour lui-même.

David a compris cela et a écrit : « il fait tout ce qu'il veut » (Psaume 115.3). Son activité est constamment décrite comme étant intentionnelle, c'est-à-dire qu'il fait toujours tout pour une raison. Cela prouve son intelligence et par conséquent sa personnalité. Le mot personnalité dans le contexte théologique veut dire qu'il est *une personne* et non pas *une chose* ou bien une force impersonnelle. Une autre preuve de sa personnalité est qu'il a créé les hommes en tant que personnes : l'homme, fait à l'image de Dieu (Genèse 1.26-27), est une personne : un Dieu non personnel ne serait pas capable de créer des personnes. En plus, il est représenté dans les écritures comme un être qui marche et qui communique avec ses enfants.

Il est extrêmement important que nous pensions au sujet de Dieu d'une manière personnelle. Il n'est pas, selon, la description de quelqu'un, une sorte de « brouillard allongé ». Il est vivant. Il s'occupe personnellement de nos problèmes. Il écoute et répond à nos prières. Il n'y a rien qui le concerne plus que nos besoins individuels et personnels. Il n'est pas une force créatrice, se développant, luttant, souffrant dans l'univers : c'est-à-dire une force impersonnelle tout à fait incapable de participer à nos peines et à nos joies. Nous pouvons marcher et parler avec Dieu.

C. Dieu est un esprit parfait

Nous ajoutons maintenant la qualité de la perfection. Dieu est absolument saint, entièrement juste et bon. En un mot, il est parfait. Il n'existe personne d'autre semblable à lui. Moïse a crié : « Qui est comme toi parmi les dieux, ô Eternel ? Qui est comme toi, magnifique en sainteté, digne de louanges, opérant des prodiges ? » (Exode 15.11). Dans sa perfection, Dieu doit être distingué du monde de la nature et de ses créatures, qui sont tous imparfaits. Mais ses vertus sont innombrables et il n'a point d'imperfection en lui.

D. Dieu est un esprit unique

Nous sommes arrivés maintenant à la dernière dimension : l'unicité de Dieu. Dieu n'est pas plusieurs, mais un seul. Il existe un système religieux appelé le polythéisme. « Poly » veut dire « plusieurs » et les gens qui croient à cette doctrine disent qu'il n'y a pas un seul, mais plusieurs dieux. Quelques religions ont des milliers et même des millions de dieux. Mais les chrétiens croient en un seul Dieu. Ils savent que la Bible, depuis le commencement jusqu'à la fin révèle qu'il n'y a qu'un seul Dieu, et elle répète ce fait d'une façon très claire. En Esaïe 43.10, Dieu déclare définitivement :

> *Mais mes témoins, c'est vous, déclare l'Eternel, vous et mon serviteur, que j'ai choisi, pour que vous le sachiez, que vous croyiez en moi et que vous compreniez que moi seul, je suis Dieu. Avant moi aucun dieu ne*

fut jamais formé, et après moi, jamais il n'en existera.
(La Bible du Semeur)

Il y a d'autres qui croient au panthéisme. « Pan » veut dire « tout », et cette doctrine enseigne que Dieu est tout et que tout est Dieu. Cela fait de Dieu une être vague et impersonnel. Il n'y pas une forte distinction entre ce que nous appelons Dieu, l'homme et la nature. Contre cette conception, la Bible enseigne clairement que Dieu est une unité en lui-même, et que le monde de la nature et de la pensée de l'homme, et tous les hommes sont la création de Dieu, séparés et distincts du vrai Dieu.

Dieu est simple en ce sens qu'il n'est pas composé de plusieurs parties mais d'une seule unité. Il n'est pas complexe (composé de plusieurs parties), mais un. Il est uni. Il est la vérité absolue, la vie, la lumière, l'amour, et ce sont là des attributs d'un seul vrai Dieu. Dans son essence et sa nature il est une unité. « Ecoute, Israël, l'Eternel est notre Dieu, il est le seul Eternel ! » (Deutéronome 6.4, version *Bible du semeur*).

LES NOMS DE DIEU REVELLENT SON CARACTERE

Les noms de Dieu nous disent quelque chose à son caractère. Considérons ces noms en hébreu dans l'Ancien Testament et en grec dans le Nouveau Testament.

A. El / Elohim

En hébreu, *el* veut dire simplement dieu. La forme plurielle est *elohim*. Mais, dans l'Ancien Testament, *El* et *Elohim* désignent un nom hébreu pour Dieu, qui montre son altérité (c'est-à-dire sa transcendance), et sa nature haute et exalté. Il est l'essence de la force et de la puissance, celui qui est exalté et, par conséquent, *Elohim* est le nom de Dieu employé le plus souvent dans l'Ancien Testament

B. Elyon

C'est un autre nom hébreu pour Dieu dans l'Ancien Testament qui souligne le caractère exalté de Dieu et nous fait souvenir qu'il doit être le seul objet de notre révérence et de notre adoration.

C. Adonaï

Ce nom veut dire « seigneur » et indique naturellement la seigneurie de Dieu sur son peuple. Il doit être le maître, ou bien patron et chef. *Adonaï* est le terme le plus fréquemment employé en s'adressant à Dieu.

D. Shaddaï ou El-Shaddaï

Il s'agit d'un nom intime qui indique que Dieu veut devenir l'ami de ses enfants. Il montre son intérêt personnel en nous et son désir de nous bénir et de nous réconforter. Ce nom a d'autres significations aussi, mais surtout exprime cette connotation chaleureuse et personnelle.

E. Yahvé

Yahvé est le nom personnel de Dieu. Ce nom révèle que Dieu est plein de grâce, et qu'il aidera, en fait, ses enfants. C'est le nom le plus sacré pour Dieu dans l'Ancien Testament, et son sens littéral est le verbe « être », car il est l'essence de l'être : inchangeable et infini. En même temps, il s'occupe de ses enfants et veut avoir des rapports heureux avec nous. Une traduction française de ce nom hébreu est Jéhovah.

F. Theos

Theos est le mot grec ordinaire pour Dieu dans le Nouveau Testament. C'est le Dieu que Christ est venu nous faire connaître. C'est le Dieu qui aime ses enfants et veut les aider. *Theos* pourrait être considéré comme l'équivalent du mot *Elohim* de l'Ancien Testament.

G. Kurios

Kurios est le mot grec ordinaire pour seigneur. Il et est l'équivalent d'*Adonaï*.

LES ATTRIBUTS DE DIEU REVELENT SON CARACTERE

Nous savons que Dieu possède certains attributs ou caractéristiques. Ils aident aussi à nous le révéler.

A. Dieu est complet en lui-même

En premier lieu, Dieu est complet en lui-même. C'est-à-dire il existe indépendamment de toute autre créature ou chose. Il est indépendant et existe en dehors de tout ce qu'il a créé : « Il n'est point servi par des mains humaines, comme s'il avait besoin de quoi que ce soit, lui qui donne à tous la vie, la respiration, et toutes choses » (Actes 17.25).

B. Dieu est immuable

Nous savons, par ailleurs, que Dieu ne change pas (Malachie 3.6). Il est le même hier, aujourd'hui et éternellement (Hébreux 13.8). Ses perfections, ses desseins et ses promesses sont éternels ! Il y a du mouvement en Dieu mais pas de changement. Dans les versets où l'auteur parle de Dieu se repentant d'avoir créé l'homme, c'est une façon humaine de parler et pas divine, car la

Bible même nous dit que Dieu « n'est pas un homme pour se repentir » (1 Samuel 15.29).

C. Dieu est « la perfection personnifiée »

Dieu est la personnification de la perfection. Cela veut dire qu'il est vraiment idéal. Dieu sait tout (Actes 15.18). Il est absolument bon (Marc 10.18). Il aime parfaitement (1 Jean 4.8, 16). En Dieu il n'y a pas de limitations ou de défaillances. Il est la perfection personnifiée dans le sens littéral.

D. Dieu est éternel

Dieu est l'alpha et l'oméga — alpha et oméga étant respectivement la première et la dernière lettre de l'alphabet grec. Avant lui, rien de ce qui a été fait n'a été fait sans lui (Jean 1.3). Il dépasse les bornes du temps. Il n'y a ni commencement ni fin avec lui. Cette idée est au-delà de ce que nous êtres humains pouvons concevoir ou comprendre. Il nous est difficile parce que nous avons eu un commencement à notre naissance, et nous aurons une fin terrestre à notre mort. En outre, tout ce que nous connaissons a eu un commencement et a eu ou aura une fin. Mais Dieu n'a ni commencement ni fin. Il est éternel. Essayant de décrire cette réalité, le psalmiste a dit : « L'Eternel règne à jamais » (Psaume 9.8) et « tu existes de toute éternité » (Psaume 93.2).

E. Dieu est omniprésent

« Omni » signifie tout ou partout. Dieu est partout présent en tous lieux en même temps. « Ne suis-je un Dieu que de près, dit l'Eternel. Et ne suis-je pas aussi un Dieu de loin ? » (Jérémie 23.23). Comme il dépasse le temps, de même il dépasse l'espace, mais il est dans le temps et dans l'espace. Il n'est pas à moitié ici et à moitié là. Il est en même temps ici et là et partout. C'est pourquoi nous pouvons dire que Dieu voit, entend et sait tout ; parce qu'il est partout en même temps pour voir, entendre et savoir tout. Cette doctrine est appelée « l'immanence de Dieu ». Elle est décrite d'une manière pittoresque dans le Psaume 139.

F. Dieu est juste

Dieu nous aime, mais il est aussi juste et droit. « C'est un Dieu fidèle et sans iniquité, il est juste et droit » (Deutéronome 32.4). Il doit être juste, car il ne peut pas laisser le mal impuni. Si quelqu'un viole une loi morale, il doit être puni d'une manière ou d'une autre pour sa désobéissance à cette loi. Si Dieu n'était pas juste, il ne serait pas droit ; et s'il n'était pas droit, il ne pourrait pas nous aimer.

G. Dieu est omniscient

Nous avons de nouveau le préfixe « omni » (tout ou partout) plus le suffixe « science » (connaissance). Ainsi nous croyons que Dieu connaît tout. « Les yeux de l'Eternel sont en tout lieu, observant les méchants et les bons » (Proverbes 15.3). Dieu sait tout dans le passé, le présent et l'avenir. « Le Seigneur, qui fait ces choses, et à qui elles sont connues de toute éternité » (Actes 15.17-18). Il est parfait dans sa connaissance, et il aura toujours la connaissance de tout. En d'autres termes, « son intelligence n'a point de limite » (Psaume 147.5).

H. Dieu est amour

La Bible dit que « Dieu est amour » (1 Jean 4.8). Dieu n'est pas une simple émotion, mais l'essence même de l'amour est en Dieu. Dieu nous aime et s'occupe de nous, ses enfants. C'est pourquoi il veut appliquer sa grâce en nous ; c'est pourquoi il veut être si miséricordieux envers nous, pardonnant nos péchés ; c'est pourquoi il est enclin à prendre patient avec nous, quel que soit le nombre de fois que nous avons fait ce qui est mal.

I. Dieu est souverain

Dieu est le souverain de l'univers. « Dites parmi les nations : l'Eternel règne » (Psaume 96.10). Nul être, ou chose ou créature n'est aussi haut et aussi puissant, n'est autant souverain que Dieu lui-même. Il est le roi de son royaume et de tous les royaumes de ce monde. Il est le général en chef, dirigeant les affaires de ce monde, parce qu'il contrôle l'histoire et les individus dans le contexte de la liberté de l'homme. Mais même quand l'homme emploie mal cette liberté et fait du mal, Dieu, malgré l'homme, prend ce mauvais acte et l'emploie dans la trame de son plan éternel pour le bien de son monde et de son univers. Quand les frères de Joseph l'ont vendu en Egypte, Dieu a employé cet acte cruel « pour sauver la vie à un peuple nombreux » (Genèse 50.20), au moment où une famine sévère est survenue en Palestine.

DIEU EST TROIS PERSONNES EN UNE

Il y a trois personnes en Dieu. Trois en un, quel mystère ! Cela s'appelle la doctrine de la Trinité, et nous y croyons parce qu'elle est enseignée dans la Bible et dans l'histoire de l'Eglise.

A. Quelques explications fausses

Il y a eu beaucoup de tentatives d'explication de la Trinité. Quelques-uns ont dit que Dieu joue différents rôles à des époques différentes : quelquefois il joue le rôle du Père, et quelque fois il arbore le masque du Fils, et parfois encore il se révèle comme étant l'Esprit. Cette fausse doctrine est appelée sabellianisme.

D'autres ont dit que l'idée de la Trinité n'est pas vraie du tout, que Dieu est le Père céleste, que le Fils n'était qu'un homme, et que l'Esprit n'est qu'une influence divine. Cette fausse doctrine est appelée unitarisme aujourd'hui, mais il y a quelques siècles de cela elle était appelée socinianisme. De nos jours, beaucoup de sectes quasi-chrétiennes croient au socinianisme ou à une variation de cette doctrine.

Mais s'il nous faut regarder les faits en face, nous devons admettre que la Trinité ne peut pas être expliquée. Elle doit être acceptée comme un fait théologique et surtout elle doit être connue par l'expérience, parce que nous pouvons connaître l'amour du Père, le salut du Fils, et les conseils de l'Esprit.

B. Basée sur les Saintes Ecritures

La doctrine de la Trinité est basée sur la Bible. Dieu est décrit en tant qu'Esprit (Esaïe 48.16 ; 63.10), et aussi en tant que plus qu'une personne (Esaïe 48.16 ; 63.9, 10). Dans le Nouveau Testament, la Trinité est révélée plus clairement en Matthieu 28.19 et dans la bénédiction de 2 Corinthiens 13.13 où le Père, le Fils et le Saint Esprit sont mentionnés ensemble en tant que Dieu. Au baptême de Christ (Matthieu 3.16-17) et dans l'enseignement de Christ (Jean 14.16) la Trinité est clairement présentée. Dans le Nouveau Testament nous voyons le Père comme Dieu (Romains 1.7), le Fils comme Dieu (Hébreux 1.8), et l'Esprit comme Dieu (Actes 5.3-4). Mais la

Bible nous dit et redit qu'il n'y a qu'un seul Dieu. Cette *tri-unité* nous l'appelons la Trinité.

Lecture biblique

Jean 4.16-26 ; Exode 15.1-18 ; Ephésiens 3.14-21 ; Jean 1.1-18.

Questions à discuter

1. Comment votre théologie changerait-elle si vous croyiez à un dieu vague et impersonnel ?

2. Comment les noms de Dieu révèlent-ils son caractère ? Pouvez-vous vous rappeler les attributs ou caractéristiques de Dieu ?

3. Qu'est-ce que la Trinité ? Quelles sont quelques-unes des explications fausses de la Trinité ?

3
LA RELATION ENTRE DIEU ET LA DOCTRINE CHRETIENNE

Le théologien John Whale ainsi que d'autres ont fait la remarque que chaque doctrine chrétienne présuppose et illustre le fait que Dieu existe. Prenons quelques-unes de nos croyances les plus importantes et voyons comment chacune d'elles est basée sur l'existence de Dieu.

LA DOCTRINE DE L'HOMME

En théologie nous appelons l'étude de la doctrine de l'homme *l'anthropologie*. Ce terme vient de deux mots grecs, *anthropos* et *logos*. *Anthropos* signifie « homme », et *logos* « parole » ou bien « discours ». L'anthropologie, en tant que branche de la théologie, est *une parole au sujet de l'homme,* c'est-à-dire, une étude de l'homme, de sa vraie nature, de son caractère et de son comportement.

Cette doctrine n'aurait pas de sens sans la doctrine de Dieu. Dans notre étude de l'anthropologie nous distinguons entre l'homme et les autres créatures de notre monde. L'homme n'est pas simplement un animal. Il est une création spéciale. Il est crée à *l'image de Dieu* et, en effet, il possède certaines qualités distinctes. C'est exactement ce que la Bible nous dit (Genèse 1.26-27). Etre crée à l'image de Dieu veut dire que l'homme est une personne avec un esprit, car Dieu aussi est une personne avec un Esprit. En un mot, l'existence de l'homme présuppose l'existence de Dieu.

LA DOCTRINE DU PECHE

La doctrine du péché est appelée *hamartiologie*. Ce terme vient des mots grecs *hamartia* et *logos*. *Hamartia* signifie « manquer le but ». Imaginons-nous un archer prenant son arc et une flèche. Il vise le centre de la cible. S'il le rate, nous disons qu'il a manqué le but. Quand nous péchons, nous savons que nous avons manqué le but de la pureté de la vie que Dieu a projeté pour nous. Le péché consiste à faire du mal quand vous savez que vous devriez faire du bien.

La question se pose alors : Comment savons-nous vraiment quelle cible nous devons viser ? Comment savons-nous ce que « manquer le but » signifie ? Nous le savons à cause de la justice de Dieu qui est décrite dans les Saintes Ecritures. Le péché peut être reconnu comme péché parce qu'il est vu en contraste avec la justice de Dieu. C'est par le contraste entre l'impureté de l'homme et la pureté de Dieu que nous savons quoi que ce soit concernant le péché. D'ailleurs, Dieu, dans sa Parole, révèle sa volonté pour notre vie. Ceci montre ce que « manquer le but » signifie et souligne que la pureté de vie est le but auquel nous devons viser.

En fait, si le péché ne pouvait pas être vu en contraste avec Dieu, il ne pourrait pas être reconnu. Imaginez une peinture d'un homme, sans autres objets dans la peinture. Celui qui regarderait la peinture n'aurait aucun moyen de savoir si l'homme est petit ou grand, mince ou gros. C'est le milieu et l'arrière-plan qui donnent par contraste une idée de l'homme, de sa taille, de ce qu'il est. Ainsi c'est l'arrière-plan de la justice de Dieu qui expose le péché de l'homme.

LA DOCTRINE DU SALUT

En théologie nous appelons la doctrine du salut *sotériologie*. La racine grecque, *soteria*, signifie « santé » et, dans le sens théologique, il y a l'idée de la guérison de la maladie du péché. Quand quelqu'un est malade dans son corps, il va chez le médecin. Il ne peut pas se guérir sans assistance médicale. De même, quand l'homme est tourmenté par la maladie du péché, il ne peut pas se guérir. Il est évident qu'il n'y aurait pas de salut du péché, s'il n'y avait pas Dieu pour opérer la guérison et restaurer la santé spirituelle.

Un philosophe anglais de renom, C. E. M. Joad, était un agnostique pendant plusieurs années. Il ne pouvait pas dire avec assurance qu'il croyait en Dieu. Puis un jour au cours de la seconde guerre mondiale, quand les Nazis torturaient les Juifs, il se rendit compte soudain que l'homme était tellement méchant qu'il ne pouvait se sauver de sa méchanceté. Il aurait pu apprendre cela dans la Bible (Romains 3.10-12 et ailleurs) ; mais jusqu'à ce moment là, le professeur Joad avait accepté les arguments de la psychologie et de la sociologie, à savoir que le péché est le produit du dérèglement mental, émotionnel ou social. Mais quand cette terrible cruauté de l'homme lui vint à l'esprit, il dut changer son opinion du péché. Il ne croyait pas que chaque fois qu'un Nazi torturait un Juif c'était à cause des répressions de son enfance ou à cause des circonstances frustrantes. Non, les racines de ce comportement diabolique étaient beaucoup plus profondes. La méchanceté était, pour employer le terme de Joad lui-même, endémique, c'est-à-dire, inhérente. Il tira la conclusion que le mal est si fortement enraciné dans l'homme que l'homme par lui-même ne pouvait pas se rendre bon. Il conclut en outre qu'une seule personne dans l'univers pouvait rendre bon un homme mauvais. Cette personne est, naturellement, Dieu.

La vérité est évidente : l'homme est pris sans espoir dans l'engrenage du cycle du péché. Il ne peut pas se sauver de ce cycle ; Dieu seul peut le faire. En plus, quand nous voyons un pécheur vraiment délivré de sa situation désespérée, et nous observons le grand changement en lui, nous ne pouvons plus douter de l'existence de Dieu.

LA DOCTRINE DE CHRIST

Nous appelons la doctrine de Christ *christologie*. Ce mot signifie simplement une étude au sujet de Christ.

Brièvement, quelle est notre vue chrétienne de Jésus-Christ ? Il était plus qu'un grand enseignant comme Socrate, Platon ou Aristote. Il était plus que le fondateur d'une religion, comme Bouddha, Zoroastre ou Mahomet. Il était en réalité le divin Fils de Dieu. Les Ecritures parlent souvent de Jésus comme Fils de Dieu (voir Marc 1.1 ; 9.7 ; Jean 8.36 et ailleurs). C'est pour cette raison qu'il est le seul homme parfait qui ait jamais vécu ; d'ailleurs une personne parfaite n'aurait pu exister s'il n'était pas le Dieu incarné. Certainement un simple homme n'aurait pu être parfait. En outre, nul homme ordinaire n'a jamais été absolument parfait. Vous chercherez en vain un tel homme parfait, en dehors de Jésus-Christ. Dieu est devenu homme, un homme parfait, et il est tout à fait clair que cette incarnation (Dieu fait chair), comme les autres doctrines, présuppose et est basée sur le fait que Dieu existe.

LA DOCTRINE DE L'EGLISE

En théologie la doctrine de l'Eglise est appelée *ecclésiologie*. Le terme vient des mots grecs *eklesia* et *logos*. *Eklesia* signifie « un appel à sortir ». Il se rapporte à tous ceux qui sont appelés à sortir du monde par l'Esprit de Dieu, et qui, en vertu de leur salut du péché et du monde, sont devenus une partie de l'Eglise de Jésus-Christ. Paul souligne cela quand il parle aux membres de l'Eglise à Rome : « vous qui avez été appelés par Jésus-Christ ... appelés à être saints » (Romains 1.6-7).

Ce mot *eklesia* suggère en réalité la vraie nature de l'Eglise. L'Eglise n'est pas simplement un club social. Elle est plus qu'un joli bâtiment où de bons gens se réunissent le dimanche pour écouter des paroles plaisantes et chanter des jolis chants. Beaucoup plus significative que cela, l'Eglise est composée des gens rachetés (« saints », comme ils sont appelés à plusieurs reprises dans le Nouveau Testament), et elle est l'institution divinement choisie pour amener d'autres dans cette réunion des rachetés (comme Jésus a dit dans ses paroles d'adieu : « Vous serez mes témoins ». L'Eglise est sacrée. Elle n'est pas une institution séculière, car elle a été établie par Dieu en Christ et sanctifiée par son Saint Esprit (voir Actes 20.32 ; 26.18 ; Romains 15.16). L'Eglise est préservée et elle continue par la puissance de sa grâce : « à vous qui, par la puissance de Dieu, êtes gardés par la foi », 1 Pierre 1.5 (Voir aussi Jude 1).

Si tout cela est vrai, et nous croyons qu'il l'est, Dieu doit exister, car l'Eglise n'aurait pu être établie et elle n'aurait pu devenir ce qu'elle est sans Dieu. L'Eglise ne *pourrait* pas exister sans l'existence de Dieu.

LA DOCTRINE DES FINS DERNIERES

Nous entendons fréquemment aujourd'hui le terme *eschatologie,* même les journaux et les revues en parlent.

Ce terme vient de deux mots grecs, *eschatos* et *logos. Eschatos* concerne les « dernières choses » ou « les fins dernières » ; ainsi l'eschatologie est *l'étude des fins dernières* de l'homme. Ces fins dernières dont s'occupent la théologie sont le deuxième avènement de Christ, le jugement dernier et tous les événements associés avec la fin de l'histoire dans les derniers jours.

L'essentiel du point de vue chrétien sur l'eschatologie est celui-ci : Dieu contrôle l'histoire et il reviendra dans la personne de son Fils pour terminer l'histoire. Les anges dirent aux disciples : « Ce Jésus ... viendra de la même manière que vous l'avez vu allant au ciel » (Actes 1.11). Dieu achèvera ses buts dans l'histoire en son propre temps, et il accomplira ses desseins dans son univers. Mais pourquoi laissons-nous le contrôle de l'histoire à Dieu ? Pourquoi ne pas laisser l'homme diriger le cours des événements de l'histoire et en faire quelque chose de bon ? Parce que, comme Joad a découvert, et comme les Ecritures l'enseignent, l'homme en lui-même n'a point de pouvoir de faire le bien (Romains 3.12). Tout le bien que l'homme accomplit n'est possible que parce que Dieu l'aide à le faire. « Car c'est Dieu qui produit en vous le vouloir et le faire, selon son bon plaisir » (Philippiens 2.13). L'homme, donc, ne peut lui-même prendre en main l'histoire. En fait, il a essayé à travers les siècles et il a toujours échoué (un échec qui a souvent résulté en une guerre terrible).

Alors si l'histoire est, en fait, orientée vers un fin noble et si l'homme seul est incapable de la diriger vers cette fin, donc, Dieu doit exister. L'histoire ne pourrait être contrôlée s'il n'y avait pas de Dieu, car Dieu seul est capable de diriger l'histoire.

RESUME

Dans cette partie nous avons discuté le rapport des doctrines chrétiennes avec la doctrine de base de l'existence de Dieu. C'est-à-dire qu'elles sont basées sur la croyance que Dieu existe. Qu'il s'agisse de la doctrine de l'homme, du salut, de Christ, de l'Eglise, des fins dernières, ou de toute autre, il est évident que aucune doctrine n'aurait de signification si Dieu n'existait pas. Toutes les doctrines chrétiennes font partie d'une même doctrine, et cette doctrine est la doctrine de Dieu.

Questions à discuter

1. Expliquez les doctrines de l'homme, du péché, du salut, de Christ, de l'Eglise et des fins dernières.

2. Comment chacune de ces doctrines est-elle fondée sur la doctrine fondamentale de l'existence de Dieu ?

4
LA BIBLE

Notre mot « bible » vient du mot grec *biblios* qui veut dire livre, et est dérivé du nom de l'ancienne ville Byblos en Syrie. En effet les gens de cette région savaient beaucoup concernant l'écriture et les matières nécessaires à l'écriture. Un terme technique pour « livre » est *codex*. C'est pourquoi les anciens manuscrits de la Bible sont appelés Codex Alexandrinus, Codex Vaticanus, et autres. Avant que l'idée d'un livre ne fût conçue, *biblios* signifiait le papyrus. Le papyrus était un roseau qui poussait bien sur les rives du Nil et qui était broyé pour en faire des feuilles ressemblant au papier. Ainsi les anciens nommaient souvent un document « un papyrus ». Plus tard, quand l'idée du livre apparut, *biblios* prit la signification de livre.

Malgré son origine lexique, la Bible n'est pas un livre ordinaire. Il fallait des centaines d'années pour la compléter. Cependant, le thème de la rédemption se retrouve à travers tout le livre. L'Ancien Testament était écrit en hébreu et le Nouveau Testament en grec *koinè*. *Koinè* veut dire commun. Le grec du Nouveau Testament était donc la langue des gens communs. A côté de l'hébreu et du grec s'ajoute un peu d'araméen (un dialecte de l'hébreu), qui, par ailleurs, était la langue que Jésus parlait. En plus, la Bible contient une variété étonnante des formes littéraires : poésie, drame, lettres, histoire, et autres.

Voilà quelques-uns des faits qui font de la Bible un livre extraordinaire. Mais le fait que Dieu a communiqué avec l'homme par la Bible est même une plus forte raison pour son caractère singulier. C'est ce fait de la communication divine au moyen d'un livre que nous voulons considérer dans ce chapitre.

LA BIBLE COMME COMMUNICATION DIVINE

La Bible est spéciale car elle est *la vérité révélée*. La vérité révélée est donnée par Dieu. Quand nous employons le terme révélation, nous voulons dire communication : Dieu parlant à l'homme. Or, Dieu emploie plusieurs moyens pour communiquer avec nous ou Se révéler à nous, tels que la nature, la prédication, Jésus-Christ dans l'histoire et dans son Eglise aujourd'hui. En effet, Dieu emploie chaque expérience de l'homme pour essayer de se faire connaître. La Bible est un des moyens que Dieu emploie dans son effort de communiquer. Elle est un moyen très important et spécial, parce qu'elle est un document unique et faisant autorité concernant Dieu. Quelqu'un a appelé la Bible « la lettre recommandée de Dieu à l'homme ». Cette illustration est assez simple, mais elle reflète la vérité profonde que la Bible est la Parole de Dieu, sa communication à nous, ses enfants.

A. Le Saint-Esprit, agent de communication

La dynamique de la Bible est révélée quand le Saint-Esprit illumine les pages sacrées pour le lecteur. Quand cela arrive, c'est-à-dire quand on fait *l'expérience* de la dynamique ou de la puissance de la Bible, la Bible ne peut être considérée comme un livre ordinaire ; elle est vraiment extraordinaire et fait ainsi autorité. La Bible peut être un livre divertissant ou, au mieux, un livre rempli d'idéaux, mais quand le Saint-Esprit le clarifie et l'imprime sur nos cœurs, ce livre devient vivant ! Le Saint-Esprit enflamme la Bible et écrit ses vérités sur nos cœurs.

Cette vérité, que la Bible nous communique réellement la parole de Dieu quand le Saint-Esprit illumine ses pages, souligne un principe simple mais absolument nécessaire concernant le procédé à suivre pour la lecture de la Bible. Quand nous lisons la Bible dans un but d'étude ou de dévotion, nous devons l'approcher dans la prière et avec le cœur calme et prêt. Le vrai chrétien ne doit jamais lire la Parole de Dieu sans d'abord avoir murmuré une prière pour le discernement qui est donné par le Saint-Esprit, l'illuminateur divin. On ne peut pas s'attendre à ce que la Bible rende ses riches provisions de vérité, si elle est approchée à la hâte ou avec le sentiment d'un devoir précipité.

B. Un véhicule inspiré de la communication

Le mot inspiré signifie littéralement « insuffler de l'air dans ». Ainsi, Dieu insufflait lui-même ou ses pensées dans la Bible. Donc, si Dieu a vraiment fait cela la Bible doit être un document très important, et nous croyons qu'il l'a fait en guidant les écrivains (voir, par exemple, 1 Corinthiens 2.13) Elle est si importante, en effet, qu'il ne suffit pas simplement d'en avoir une dans la maison ou même sur votre bureau. Votre but en possédant une Bible n'est pas d'impressionner vos amis par votre piété, mais de permettre à la Bible de vous posséder et de vous impressionner. La Bible est inspirée, même si on ne la lit pas et on la laisse couverte de poussière, elle est toujours la Parole de Dieu. Mais cette inspiration ne vous touche pas automatiquement. Dieu a parlé aux anciens qui ont écrit notre Bible. Maintenant c'est votre responsabilité de découvrir ce que Dieu a communiqué. Vous devez la lire dans une attitude de prière et avec une intelligence ouverte et un cœur qui attend. Et si vous découvrez réellement ce que Dieu dit dans sa Parole, vous serez une personne changée.

C. Une communication souvent copiée et beaucoup lue

La Bible a été copiée et citée plus que tout autre livre dans l'histoire de la race humaine. Des Evangiles seuls, il y a plus de 1 400 manuscrits grecs, dont quarante existent depuis plus de 1 000 ans. De la Bible entière, personne ne sait exactement combien d'anciens manuscrits et de fragments ont été trouvés. Même depuis 1947, onze grottes dans la région de la mer Morte ont été découvertes, contenant quelques rouleaux complets (d'Esaïe, par exemple), des portions de rouleaux et des milliers de fragments bibliques. Il faudra au moins cinquante ans pour que les érudits assemblent et déchiffrent tous ces manuscrits hébreux. En plus de ces découvertes de la mer Morte, on a déterré beaucoup d'autres anciennes copies de la Bible en tout ou en partie.

Dans les temps modernes la Bible a été copiée et préservée. La Vulgate (traduction latine) était le premier livre publié sur une presse d'imprimerie avec caractères mobiles. Le livre était appelé la Bible de Mazarin et était imprimé dans la ville de Mayence, en Allemagne, en 1453. Depuis l'invention de l'imprimerie jusqu'à nos jours, la Bible a été imprimée des millions de fois. En fait, elle a été imprimée plus de fois que tout autre livre. Elle a été traduite en tout ou en partie en plus de 2 300 du 6 500 langues qui existent dans le monde. Les missionnaires travaillent assidûment dans beaucoup de parties du monde où des tribus primitives existent encore pour traduire la Bible en d'autres langues. En outre, la Bible se vend en plus d'exemplaires chaque année dans les pays occidentaux que les plus fameux livres à succès.

Il est évident que le Saint-Esprit de Dieu pousse les hommes à se procurer la Bible et à la lire. C'est là un fait vraiment évident et presque universel. Mais pourquoi c'est la Bible, plutôt que quelque autre livre, qui est choisie par le Saint-Esprit pour une si large circulation ? La réponse réside dans le contenu même de la communication biblique, et c'est à cela que nous accordons maintenant notre attention.

LE CONTENU ET LE CARACTERE DE LA COMMUNICATON BIBLIQUE

Le temps, l'espace et le but de ce livre ne nous permettent pas de résumer ici le contenu des Ecritures en détail. Cette étude est réservée pour nos classes bibliques à l'église et à l'école. Mais il est très important de souligner le thème de la Bible et d'observer, même brièvement, le contenu principal et le caractère de la communication biblique.

A. Qu'est-ce qui est communiqué ?

Le thème et le but de la Bible sont la rédemption ou le salut de l'homme. L'homme pécha, dit la Bible, causant la chute, ou ce que John Milton, le poète, a appelé « la première désobéissance » (voir Genèse 3). Cette chute ou désobéissance a créé un grand abîme entre Dieu et l'homme. Mais Dieu a tant aimé l'homme qu'il a jeté un pont sur l'abîme, permettant ainsi à l'homme et à Dieu de rétablir leurs relations et de redevenir amis. Christ crucifié était ce pont qui a réuni Dieu et l'homme (voir Jean 3.16). L'Ancien Testament nous amène au Christ du Nouveau Testament, et toute la Bible est l'histoire de Dieu frayant le chemin pour que l'homme puisse s'approcher de lui, en préparant pour nous la venue de Jésus-Christ qu'il nous a en fait donné.

Cette histoire est la plus importante qui ait jamais été communiquée, car elle est le plan du salut. Cette histoire biblique nous dit comment nous pouvons avoir nos péchés pardonnés, comment vivre la vie du salut et comment avoir la vie éternelle.

B. La communication biblique fait autorité

La Bible n'est pas quelque chose à prendre ou à laisser à volonté, parce qu'elle est le tribunal de dernière instance dans les questions de foi et de conduite. Nul autre livre, dans toute l'histoire humaine, n'explique si clairement le contenu de la doctrine et de la morale.

Ce fait souligne donc la vérité que nous devons faire de la Bible notre guide, et même notre guide qui fait autorité. Quand nous faisons un voyage, nous avons une carte ou un guide. La vie est un voyage, et la Bible est notre guide vers le ciel. Si nous nous demandons « Comment pouvons-nous savoir le chemin au ciel ? » La réponse est simple et claire : en lisant la Bible. La Bible est le seul guide faisant autorité. David dit, « Ta parole est une lampe à mes pieds, et une lumière sur mon sentier » (Psaume 119.105). Elle doit être la nôtre aussi.

Les croyances de base

C. La communication biblique est évidente et claire

L'écrivain américain Mark Twain a dit facétieusement ce qu'on devrait prendre au sérieux : « Ce ne sont pas les parties de la Bible que je ne comprends pas qui me troublent, mais les parties que je comprends. » Bien des gens n'ont pas voulu être si honnêtes. De tels gens se plaignent que la Bible est obscure, peu claire, d'une signification cachée, et donc ils prétendent douter des modèles généraux de croyance et de conduite morale. Mais les vérités de Dieu dans la Bible sont répétées si souvent et de façons si différentes, même dans de simples histoires, qu'il est vraiment impossible de ne pas y voir les grands arguments en faveur du salut et de l'amour du prochain. Dieu lui-même dit : « Ce commandement que je te prescris aujourd'hui n'est certainement point au-dessus de tes forces et hors de ta portée » (Deutéronome 30.11).

A vrai dire, il y a des passages obscurs dans la Bible et des parties qui sont souvent mal interprétées. L'apôtre Pierre dit à propos des lettres de Paul qu'il renferme des points difficiles à comprendre » (2 Pierre 3.16). S'il n'y avait pas de problèmes d'interprétation biblique, nos savants bibliques seraient des chômeurs demain. On doit ajouter aussi que nous, comme des chrétiens sérieux et intelligents, devons essayer continuellement de comprendre la Bible plus complètement. Mais qui, s'il est honnête et s'il veut lire, peut passer à côté d'importantes vérités comme celles-ci : que Christ peut pardonner les péchés, que l'homme est un pécheur qui a besoin du pardon, que Christ est mort pour ses péchés, que l'amour de Dieu et du prochain sont les épreuves de la vie pardonnée et convertie. Ces grandes vérités éternelles et absolues sont rendues claires dans la Bible, comme elles ne sont nulles autre part dans la littérature, et seul un aveugle peut ne pas les voir.

REMARQUE SUR LES DIVERSES TRADUCTIONS DE LA BIBLE

De temps à autre, on a besoin de nouvelles traductions de la Bible à cause des changements dans les langues parlées, afin que la Parole de Dieu soit claire pour chaque génération. Les nombreuses traductions de notre temps ont fait beaucoup de bien, en imprimant la Parole de Dieu dans l'esprit des gens jeunes et vieux de différents rangs et catégories de la société. En outre, les savants bibliques font des progrès à cause des découvertes des anciens manuscrits et de nouvelles méthodes de traduction. Ainsi nous voyons le besoin de nouvelles traductions.

En fait, les traductions de la Bible ont été faites à travers les siècles : ce n'est pas là une idée nouvelle. La version des Septante fut complétée longtemps avant la naissance de Jésus-Christ. C'était la traduction grecque de l'Ancien Testament hébreu parce que les Juifs d'expression grecque avaient besoin d'une Bible dans leur propre langue. Les Egyptiens avaient leurs propres versions aussi (la Sahidique, par exemple), et plus tard Jérôme traduisit la Bible en Latin et sa version était connue sous le nom de Vulgate.

Nous avons aujourd'hui en français les versions Segond, Synodale, Jérusalem, et la Bible en français courant, la Bible de Semeur pour ne citer que quelques-unes. Remercions Dieu pour la compréhension et

Les croyances de base

l'intérêt que ces traducteurs ont apporté à la lecture et à l'étude de la Bible.

Lecture biblique

1 Corinthiens 2.6-13 ; 2 Timothée 3.10-17 ; Matthieu 21.42-44 ; Jean 5.39 ; Jean 7.38 ; Actes 17.11 ; Actes 18.24, 28.

Questions à discuter

1. Que signifie le mot « Bible » ?

2. Que veut dire « révélation » ?

3. Comment le Saint-Esprit est-il un agent de la communication biblique ?

4. Que signifie la phrase suivante : « La Bible est un livre inspiré » ?

5. Pourquoi, croyez-vous, que la Bible a-t-elle eu un si grand tirage ?

6. En quoi consiste l'autorité de la communication biblique ?

5
L'HOMME ET SON PECHE

Un panneau d'affichage dans une rue montre un pasteur étendant du beurre sur une tranche de pain. Dans la publicité payée par un distributeur de beurre, un prêtre dit, « C'est un péché de l'étendre trop mince. » Nous sourions en y pensant, mais cette attitude reflète la notion par trop populaire que le péché, après tout, n'est pas très sérieux, et que c'est quelque chose qui peut être pris à la légère. Le but de ce chapitre et du suivant est de nous introduire à la vraie nature du péché.

LA NATURE DE L'HOMME

Si nous voulons savoir quelle est la vraie nature du péché, nous devons d'abord nous demander ce qu'est l'homme. Nous pouvons dire que l'homme est un animal parce qu'il y a des ressemblances biologiques entre lui et les autres créatures du monde. Mais l'homme n'est pas simplement un animal. Il est la forme la plus élevée d'animal et il est unique dans le règne animal.

Pourquoi l'homme est-il unique parmi les animaux ? Parce que, comme nous le disons en théologie, il a été créé *imago Dei,* une phrase latine qui veut dire « à l'image de Dieu » (Genèse 1.26-27). L'homme est esprit et personne. Les animaux ne sont ni esprits ni personnes. L'homme, à l'encontre des animaux, est créé à l'image de Dieu qui est Esprit et Personne.

Les croyances de base

Alors, quels sont les traits de caractère de cet animal appelé homme qui est à la fois esprit et personne ? Quelques-uns des principaux traits de caractère sont nommés ci-après, et chaque trait suggère la double vérité que l'homme (1) doit être distingué des autres animaux, et (2) est fait à l'image de Dieu.

A. L'homme possède la qualité d'introspection

L'homme, comme Dieu, a la capacité de réfléchir que les autres animaux ne paraissent pas avoir, au moins, pas à un degré important. C'est-à-dire que l'homme peut s'éloigner de lui-même, pour ainsi dire, et se regarder. Il peut analyser ses actes et même ses propres pensées ou les opérations de l'esprit. Il peut examiner qui il est, le monde dans lequel il se trouve et ce qu'il fait dans son monde. Il peut penser à lui-même et apprécier ou évaluer ses activités. Les animaux ne peuvent pas faire toutes ces choses.

B. L'homme est religieux par nature

L'homme est né religieux. Les psychologues et les théologiens ont su depuis longtemps que les hommes sont nés avec une connaissance et un sentiment innés du besoin de servir et d'adorer un être supérieur. La nature humaine est construite de façon telle qu'il nous faut avoir un dieu. C'est pourquoi il y a vraiment peu d'athées dans le monde. L'athéisme n'est pas inhérent à l'homme, mais il est le résultat du péché de l'homme. Au contraire, la connaissance d'un être suprême est innée en nous. Certes, le dieu que les gens adorent n'est pas toujours le Dieu chrétien, mais c'est un dieu, que ce soit la puissance, le succès, l'argent ou une autre chose dans laquelle la confiance et l'espérance peuvent être placées.

C. L'homme est libre

L'homme est libre, mais les animaux semblent ne pas avoir la liberté dans le même sens que l'homme. Comme Dieu, l'homme a de l'intelligence par laquelle il se contrôle et prend ses décisions. Les animaux, s'ils possèdent de l'intelligence, en ont une forme plus basse, et ainsi leur liberté est limitée. En termes théologiques, l'homme est libre de choisir pour Dieu ou contre lui. Josué dit au peuple d'Israël, « Choisissez aujourd'hui qui vous voulez servir » (Josué 24.15). Ce choix ne se présente pas aux animaux. Comme Charles Kingsley a dit, « Dieu a créé les animaux pour que chacun d'eux fasse ce qu'il aime, sans péché. Mais il a créé l'homme pour qu'il fasse plus que ce qu'il aime, à savoir, de faire ce qu'il doit faire. »

La liberté de l'homme de choisir pour ou contre Dieu est un fait très important. Son choix détermine pour lui une vie heureuse ou misérable, ici-bas et dans la vie à venir. Combien de fois avons-nous vu les gens employer leur liberté pour rejeter Dieu, et combien de fois avons-nous regardé ces gens s'établir dans les voies du péché et par conséquent de la tragédie. Mais l'homme peut choisir d'aller dans le chemin de Dieu ; il peut choisir d'établir les habitudes d'une vie juste. Il peut non seulement choisir de le faire, mais c'est sa responsabilité et son devoir de le faire.

D. L'homme est pécheur

Une quatrième caractéristique de l'homme est qu'il est pécheur. Si l'homme est libre, il est libre de faire du bien ou de pécher. Il pèche. Tout homme connaît les deux forces opposées dans sa vie, l'une l'appelant à Dieu et à la justice, l'autre le tentant à l'égoïsme et au péché. Quel est cet égoïsme que nous appelons le péché, et quels en sont les éléments ? Nous nous demandons maintenant ce qu'est la vraie nature du péché, et c'est vers cette question que nous tournons maintenant notre attention.

LA NATURE DU PECHE

Quand l'homme tomba dans le jardin d'Eden, il le fit parce qu'il voulut se mettre à la place de son créateur. C'est-à-dire, la créature voulut penser de lui-même comme étant plus important que son créateur. Il voulut être indépendant de Dieu et se contrôler. Il ne voulut pas que Dieu le contrôlât (voir la chute de l'homme en Genèse 3). Cette attitude indépendante ou autoritaire nous l'appelons orgueil. Ce seul mot orgueil est le mot le plus important qu'il y ait pour comprendre la vraie nature du péché. C'était l'orgueil de l'homme qui lui fit rejeter Dieu et perdre son rapport approprié avec Dieu.

C'est le désir de Dieu que tout homme fasse sa volonté. Quand l'homme ne fait pas la volonté de Dieu, il viole sa loi. Cette violation de la loi de Dieu est le péché (voir 1 Jean 3.4).

A. Augustin

C'était Augustin, au quatrième siècle après J.-C., qui établit la vérité élémentaire que la nature du péché est l'orgueil. Esaïe (Esaïe 9.8-9 ; 16.6) et Paul (1 Timothée 3.6) et beaucoup d'autres ont affirmé cette vérité, mais on ne semblait pas l'avoir saisie. Mais avec Augustin cette vérité était devenue centrale dans la doctrine du péché tenue par l'Eglise. Il était l'un des plus grands théologiens qui ait jamais vécu, et il continue d'influencer la théologie de nos jours.

Que voulons-nous dire quand nous disons que la nature du péché est l'orgueil ? Nous voulons dire que l'homme ne fait aucun mal qui n'est le résultat de l'orgueil. Pour le dire d'une autre façon, chaque péché commis par l'homme est le résultat d'un désir de protéger soi-même. Le meurtre, l'adultère, le vol, le mensonge, et tout péché que l'homme a jamais commis ou que jamais il commettra est le résultat de l'orgueil. C'était le cas avec Adam et Eve, et il en a été ainsi avec tout homme depuis ce temps-là.

Cela peut être illustré de la meilleure façon par le croquis suivant :

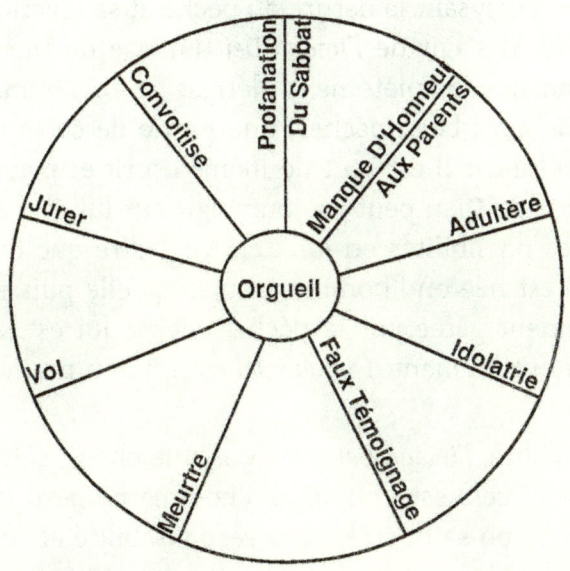

Les croyances de base

Les principaux péchés sont notés dans la route ci-dessus, et chacun d'eux est présenté comme le résultat de l'orgueil, ce qui est la protection de soi-même.

C'est un fait étonnant que tout péché provient, en effet, de l'orgueil. Si un homme commet l'adultère, il le fait pour se satisfaire. Il fait ce que son désir égoïste lui impose plutôt que de respecter la personnalité. Si nous convoitons, nous augmentons la tentation de prendre ce qui ne nous appartient pas légitimement, mais ce qui, imaginons-nous, nous rendra heureux. Si nous mentons nous dissimulons la vérité pour éviter l'humiliation. Nous pourrions continuer avec les autres péchés, démontrant que chacun est le résultat du pur orgueil et du désir de se protéger.

B. La permanence de l'image de Dieu

Il y a un point très important qu'on ne doit pas négliger en analysant la nature du péché et sa réaction sur l'individu. Il s'agit de *l'Imago Dei* (l'image de Dieu) qui n'est jamais complètement détruit chez l'humanité. L'homme aura beau pécher, une partie de cette image reste en lui car il est tout de même esprit et personne, et l'Esprit de Dieu peut toujours agir sur lui. Il y a toujours des possibilités en lui. Cela veut dire que l'image de Dieu est née en l'homme, et bien qu'elle puisse être terriblement gâtée par le péché, elle ne lui est jamais enlevée entièrement. *L'imago dei* est un don permanent de Dieu.

En réalité, *l'imago Dei* n'est pas une chose, c'est une relation. Si cela est vrai, alors l'homme ne perd jamais sa capacité ou sa liberté, ni sa responsabilité et son devoir de choisir pour Dieu, contre le péché et Satan. Prenons une analogie. Voici un jeune homme qui se trouve en prison. Mais, qu'il soit en prison ou qu'il soit à la maison, il est toujours le fils de son père. Il est né à l'image de son père. Il est le fils de son père, et il a la capacité de choisir de réformer sa vie et plus tard de retourner au foyer paternel comme l'enfant prodigue l'a fait.

En tout cela, néanmoins, nous devons donner un avertissement sévère. Il y a la force tragique de l'habitude. Très souvent les gens qui se trouvent en prison sont tellement liés par l'habitude du péché qu'ils ne peuvent pas la briser. Même quand Dieu les aura libérés de leur prison du péché, leurs anciennes habitudes et désirs pécheurs continuent à les tourmenter. Il est clair que nous devons nous encourager dans le devoir de former de bonnes habitudes, habitudes que nous n'avons pas besoin d'abandonner, mais que nous voulons garder. Voilà la raison pour laquelle il est tellement important que les parents soient chrétiens et qu'ils aident leurs enfants à établir de bonnes habitudes.

Ici nous devons parler du miracle de la conversion. Dieu est entré dans les vies de beaucoup de pécheurs endurcis. Oui, des hommes qui avaient été en prison et qui étaient extrêmement méchants ont été changés. Dieu peut briser cette grande muraille épaisse d'orgueil et exposer la personnalité à l'amour de Dieu, renouvelant ainsi l'homme. La conversion peut être décrite de la meilleure façon dans la prière d'Ephraïm, « Fais-moi revenir, et je reviendrai, car tu es l'Eternel, mon Dieu » (Jérémie 31.18). En effet, le miracle de l'Evangile est qu'il a la puissance de changer des hommes méchants en hommes justes.

Les croyances de base

C. Les conséquences tragiques du péché

Les conséquences tragiques du péché seront vues dans ces deux chapitres au sujet du péché, mais ici il est important de noter que le péché a des conséquences dans deux directions : il affecte l'individu lui-même, et il affecte aussi les autres.

Thomas Lund raconte l'histoire de Léonard de Vinci, cherchant les personnages qui pourraient poser pour « la Cène », cette fameuse fresque peinte sur le mur d'une église à Milan, en Italie.

> *Comme à son habitude, Léonard commence le travail, mais aussitôt se disperse dans d'autres projets. Son patron, Ludovic, vient le trouver et lui demande pourquoi le tableau n'avance plus. Léonard réplique qu'il n'avait pas trouvé jusque là de modèle assez beau pour lui servir à peindre le visage du Christ mais il vient de rencontrer par hasard un « ange » et va pouvoir continuer.*
>
> *Les mois passent et Ludovic revient à la charge, d'autant que Léonard n'a pas que des amis, même l'abbé est contre lui, il lui dit « Qu'attends-tu pour finir ? », et l'autre de répondre : « Maintenant, c'est un modèle extrêmement laid qu'il me faut pour m'inspirer Judas".*
>
> *Léonard cherche sans relâche, dans les bas-fonds, les bordels, les léproseries, et, finalement, il trouve ce qu'il cherche, un mendiant laid, à la bouche tordue.*
>
> *Il lui demande de poser pour lui. Reconnaissant le célèbre peintre il accepte et lui demande quel person-*

> nage il va représenter mais en entendant le nom de Judas il blêmit et dit qu'il ne peut servir à cela. Léonard lui en demande la raison et s'entend répondre : « C'est moi qui t'ai servi de modèle il y a un an et demi pour peindre le Christ. Depuis lors, j'ai vécu une vie de péché qui m'a transformé au point que je peux être le Judas dans cette peinture. »

C'est assez mauvais d'être un Judas dans cette vie, mais le péché a aussi des implications éternelles. Le péché éloigne le pécheur de Dieu et, si l'on y persiste, aboutit à la séparation éternelle d'avec Dieu. C'est ce que nous pourrions appeler la « tragédie éternelle » du péché.

Oui, le péché affecte l'individu lui-même !

Le péché affecte aussi les autres. En effet, vous ne pouvez penser à un seul péché qui n'affecte pas autrui. Quand quelqu'un pèche, c'est comme s'il a jeté un caillou dans une mare : les rides partent du centre où le caillou est tombé et vont en s'élargissant. Ainsi, quand nous péchons, les rides de notre influence partent de ce mauvais acte et atteignent les autres. Nous ne sommes pas capables de mesurer le pouvoir de l'influence. Naturellement, la manière d'influencer les autres pour le bien est de les aimer, car l'amour est l'opposé du péché. Si nous aimons vraiment, nous ne manquerons pas de faire du bien. Clarisse Bowman observe : « Les recherches étonnantes faites par les sociologues et les anthropologues culturels révèlent que la puissance de l'amour a une réaction en chaîne qui continue à travers le monde, à travers les années. Il fait des changements en proportion directe de son désintéressement. » Pourquoi ne pas jeter votre influence du côté de l'amour plutôt que du côté du péché ?

Thomas Carlyle écrivit : « Personne d'autre n'a en lui la colère divine contre l'iniquité, la fausseté et la bassesse autant que Ruskin. » Le don de Ruskin de voir la vraie nature du péché fut exprimé d'une manière vive, quand il observa les effets du péché sur les autres. A Venise, Ruskin vit un bel édifice en ruines et dit : « Quelqu'un était menteur, quelqu'un a placé des pierres mensongères dans ces murs et dans ces fondations. »

Quand il entra dans une maison, il trouva les gens malades d'une fièvre brûlante et annonça, « Quelqu'un a mis du plomb mensonger dans les tuyaux de drainage. »

Voyant un navire qui fit naufrage et une centaine de vies perdues, Ruskin cria, « Quelqu'un a été menteur. Quelqu'un a mis des anneaux mensongers dans les grands câbles de l'ancre qui aurait dû tenir le navire quand l'orage surgissait. »

Prenant refuge dans un joli temple pendant une averse, il vit de grands seaux placés pour attraper l'eau qui tombait goutte à goutte de la magnifique fresque de Tintoret au plafond, et il dit, « Quelqu'un a été menteur ; quelqu'un a placé des tuiles mensongères sur le toit. »

Voilà ! Le péché affecte les autres. Ne l'oubliez jamais, et n'oubliez jamais qu'il vous affectera aussi.

Lecture biblique

Romains 5.6-11 ; Ephésiens 2.1-10 ; 1 Jean 1.5-10 ; 2.1-6 ; Ezéchiel 18.20-22, 30-32.

Questions à discuter

1. Qu'est-ce *l'Imago Der* ? Est-ce permanent ? Si oui, comment ?

2. Quelles sont les caractéristiques qui distinguent l'homme des animaux ?

3. Décrivez la position de Augustin sur le péché.

4. Qu'est-ce que vous pouvez dire au sujet des effets du péché ?

6
L'OPTIMISME CONTRE LE PESSIMISME

Nous devons considérer à présent trois conceptions au sujet de l'homme. La première est la croyance optimiste que l'homme est fondamentalement bon et qu'il peut produire un monde bon en se mettant au travail pour le faire. Selon cette conception l'homme en lui-même et par lui-même peut faire un monde qui est bon. La deuxième conception est tout à fait contraire : l'homme n'a rien de bon en lui. Il est impuissant et doit demeurer impuissant quand il s'agit de faire un monde qui est bon. Selon cette conception pessimiste, l'homme ne peut jamais construire un monde heureux. Il y a une troisième conception qui ne partage ni la conception optimiste ni la conception pessimiste de l'homme. Selon cette dernière conception l'homme n'est ni complètement bon ni complètement mauvais. Elle tient une position entre les deux autres : l'homme est à la fois bon et mauvais. Ce qui est encore plus important, c'est que cette conception contient un autre élément. Cette vue dit qu'avec l'aide de Dieu l'homme peut faire beaucoup de bien. En effet l'homme était créé pour être bon et pour faire du bien.

Regardons ces trois conceptions de plus près.

LA CONCEPTION OPTIMISTE DE L'HOMME

La première conception est la plus commune et la plus populaire, et acceptée de nos jours même. C'est l'idée que l'homme est essentiellement bon, et qu'il change de mieux en mieux, et qu'un jour il se trouvera habitant un monde parfait, car lui-même il aura fait de son monde un monde parfait. Cette idée, néanmoins, est quelque peu dépassée. Pourquoi est-elle dépassée ? La réponse la plus évidente est qu'à notre époque nous sommes passés par deux guerres mondiales. L'homme a essayé de produire la paix, mais il est manifeste qu'il est, en lui-même, incapable de le faire. L'homme est corrompu. Il est pécheur. « Tous ont péché » (Romains 3.23). Non seulement le Nouveau Testament, mais l'expérience de la race humaine le démontrent.

Ceux qui sont très optimistes concernant l'homme disent que le péché c'est l'ignorance. L'ignorance, à son tour, produit un environnement défectueux, un environnement dans lequel il est facile et naturel de pécher. Une autre façon de le dire est que l'homme est en train de passer par une simple étape dans l'histoire de l'humanité, une étape qui est analogue à celle de l'adolescence. Une fois que nous aurons vaincu l'ignorance et l'adolescence par l'éducation et par la maturité, l'homme ne fera plus de fautes et le péché n'existera plus.

Que devrions-nous dire à propos de cette doctrine ? Examinons-la et nous la comprendrons.

A. La volonté de l'homme est insuffisante

L'homme ne peut se rendre meilleur par un simple acte de la volonté. J'ai entendu dire qu'un homme qui se disait chaque jour : « Je suis en train de changer, de mieux en mieux, chaque jour et dans tous les sens », s'est finalement suicidé. Cette histoire est peut-être

Les croyances de base

apocryphe, mais l'idée est évidente et vraie. L'homme, quoi qu'il fasse, ne peut se rendre bon. Job le dit ainsi : « Qu'est-ce que l'homme, pour qu'il soit pur ? Celui qui est né de la femme peut-il être juste ? » (Job 15.14). Tôt ou tard, il découvrira qu'il ne peut se débarrasser de son péché ; Dieu seul peut remédier à cela.

L'insuffisance de la volonté de l'homme porte donc un coup à cette doctrine optimiste.

B. La connaissance de l'homme est inadéquate

C'est Socrate qui a dit que savoir est faire. Il entendait par là que si quelqu'un sait distinguer le bien du mal, il fera toujours le bien. Il est évident que Socrate avait beaucoup de foi dans la nature humaine. Mais il avait tort. Que de fois les hommes du monde ont su quoi faire mais se sont trouvés incapables de le faire ! D'une manière plus personnelle, aucune personne lisant ces lignes ne peut dire que lorsqu'elle a pu distinguer le bien du mal elle a toujours fait le bien. Trop souvent nous sommes comme Paul, qui a dit : « Car je ne fais pas le bien que je veux, et je fais le mal que je ne veux pas » (Romains 7.19). La conclusion de tout cela est simple : la connaissance n'est pas suffisante ; il faut plus que de la connaissance pour faire le bien. Contrairement à l'opinion de ces optimistes, le péché est plus que de la simple ignorance.

C. La nature de l'homme est pervertie

Le troisième point dérive naturellement du deuxième. Si la cause du péché n'est pas de la simple ignorance, quelle en est la cause ? La nature de l'homme est pervertie ; il y a quelque chose qui est fondamentalement mauvais au cœur même de sa personnalité. C'est une erreur de supposer que la nature humaine est bonne. La nature humaine n'est point bonne. Elle est pervertie et déréglée. Elle tend à se mettre en travers de la loi de Dieu. La tendance de l'homme est de pécher ; il est plus facile de faire du mal que de faire du bien. Le penchant essentiel de la nature humaine est vers le mal plutôt que vers le bien.

Et cela n'est pas une simple notion ; c'est un fait. Le fait est que les hommes qui savent mieux pèchent. Ils pèchent parce qu'il y a quelque chose qui est fondamentalement mauvais en eux. Par nature ils sont mauvais. Nous sommes « par nature des enfants de colère » (Ephésiens 2.3).

D. Le Nouveau Testament et l'histoire contre cet optimisme

Cette conception optimiste de l'homme enseigne le progrès inévitable. Mais la Bible ne promet nulle part le progrès inévitable. En effet, la Bible affirme qu'il n'y aura point de progrès réel quand elle dit qu'il y aura toujours « des guerres et des bruits de guerres » (Matthieu 24.6). En outre, l'histoire ne soutient pas l'idée du progrès humain. Quelqu'un a calculé le temps pendant lequel la paix a existé en même temps dans le monde entier, dans l'histoire de la race humaine. Ce temps est, comparativement parlant, nul ! Pendant presque chaque heure de la civilisation jusqu'à ce moment, des combats se sont poursuivis quelque part dans le monde. Et si vous voulez vous rendre compte des situations particulières, les meurtres et les crimes de toutes sortes sont commis continuellement et ont été commis à travers les siècles.

Les croyances de base

Mais quelqu'un dit : « Certainement la civilisation est à présent à son zénith. Ne vous semble-t-il pas avec les sciences modernes et l'information que nous possédons, que nous avons enfin trouvé la clef du bonheur et de la paix ? » Malheureusement, la réponse est négative. Même à présent dans l'histoire il y a peu de signes réels de progrès. La bombe n'est certainement pas un signe d'espoir. Elle est un instrument épouvantable à la disposition de l'homme pécheur. En outre, on ne peut que se demander si tout le système de fusées et de satellites ne se montrera pas plus épouvantable. Le fait est que, sans la grâce de Dieu, le monde aurait déjà vu une guerre atomique. C'est seulement à cause d'un Dieu patient et miséricordieux que nous « n'avons pas été consumés » (Malachie 3.6).

L'histoire, au passé ou au présent, ne peut donc démontrer que l'homme devient meilleur. Si après toutes ces centaines d'années l'homme n'a pas démontré une vraie capacité d'inaugurer l'âge messianique, comment pouvons-nous espérer le faire à l'avenir ? La réponse du Nouveau Testament est que l'homme ne peut espérer le faire par lui-même, parce qu'il y a quelque chose qui est fondamentalement mauvais en lui. Tous sont « sous l'empire du péché. ... Il n'y a point de juste, pas même un seul » (Romains 3.9-10). Avec Dieu, toutefois, un meilleur monde peut être construit. La réponse est en Dieu, non pas en l'homme.

E. La vue optimiste et l'orgueil

Nous touchons maintenant à la difficulté la plus subtile, avec cette haute opinion de l'homme. Nous avons déjà établi que la nature du péché est l'orgueil. Qu'est-ce qui se passe quand un homme commence à penser qu'il est parfaitement bon ? Naturellement, il devient orgueilleux; et une fois qu'il devient orgueilleux, il pèche. Nous avons déjà constaté pourquoi l'orgueil est péché et nous n'avons pas besoin de revoir cela ici, mais nous devons souligner cette vérité simple. Aussitôt que l'on devient fier de sa bonté, on pèche, car l'orgueil même est la nature du péché. Mais qu'en est-il de l'homme que nous estimons vraiment bon ? Eh bien ! Il n'est jamais certain lui-même qu'il est assez bon. C'est cette humilité qui est la caractéristique la plus importante d'une personne convertie. Le Nouveau Testament donne un avertissement solennel à ce propos, quand il déclare que nous devons prendre garde de ne pas avoir de nous-mêmes une trop haute opinion (Romains 12.3).

Nous sommes maintenant prêts à tirer une conclusion de cette première vue de l'homme. Nous ne pouvons pas accepter cette vue optimiste de l'homme, parce que le mal est partout présent comme le résultat des mauvais penchants de l'homme. Il y a toujours eu et il y aura toujours des guerres, des meurtres et des crimes de toutes sortes. Prenez le quotidien d'aujourd'hui ou de n'importe quel jour ; vous le trouverez rempli de combats, de crimes, de la lutte contre la guerre. Nous ne pouvons, alors, croire que l'homme par sa propre force peut être bon ou qu'il peut produire un monde parfait, quand nous voyons tant de péchés autour de nous.

Il y a, en effet, une seule possibilité pour un monde bon. C'est que tous les hommes devraient se tourner vers Christ. Pourquoi ? Parce que ce n'est que par Christ agissant en nous que nous pouvons accomplir quelque chose de bon (Jean 15.5).

LES VUES PESSIMISTES ET REALISTES DE L'HOMME

Il a été démontré que nous ne pouvons accepter la doctrine d'une foi illimitée dans l'homme. Il est aussi vrai que nous ne pouvons pas accepter la doctrine d'un pessimisme total. Il n'est pas plus chrétien d'être complètement pessimiste au sujet de l'homme qu'il l'est d'être complètement optimiste à son sujet. Le désespoir complet est païen, car les peuples primitifs de ce monde ont toujours vu l'homme comme une créature pathétique, pauvre et sans espoir. Le pessimisme dit qu'en aucun cas l'homme ne peut faire quoi que ce soit pour s'améliorer ou pour améliorer son monde. Il est totalement impuissant, et rien ou personne ne peut changer cette situation désespérée.

Posons tout d'abord la question : « Est-ce que l'homme lui-même est totalement corrompu ? » La réponse est à la fois positive et négative. Si les hommes étaient complètement corrompus et suivaient toujours leurs mauvaises inclinations, la vie sur cette terre serait insupportable. Si, au contraire, nous disons que l'homme n'est pas corrompu, nous supposons qu'il est assez bon pour s'occuper de lui-même. Mais la vérité n'est pas dans l'une ou dans l'autre opinion, mais dans les deux. L'homme est corrompu mais pas aussi corrompu qu'il aurait pu être. En quoi cette position est-elle acceptable ?

A. L'homme possède de la bonté

Il est clair que l'homme est né possédant une mesure de bonté. Regardez dans les yeux d'un gentil petit enfant. Qui peut dire que cette possession précieuse est de bout en bout mauvais, coupable, corrompu ? Dans ce petit enfant il y a quelque chose de pur, de bon, de sain. C'est pourquoi Jésus a dit que nous devons devenir comme de petits enfants (voir Marc 10.15). Même quand un enfant est devenu grand, il y a en lui ce que nous appelons « le lait de la bonté humaine ». Il donnera un coup de main à ses voisins et il fera du bien à un grand nombre. En outre, il est singulier mais vrai que ce lait de la bonté humaine n'est pas perdu même dans les bas-fonds de nos villes. Un livre récent au sujet du monde des vagabonds. L'auteur dit que même les ivrognes se montrent gentils à leur manière envers leurs semblables.

B. Le revers de la médaille

Si ce que nous venons de dire est vrai, nous devons conclure que l'homme n'est pas totalement mauvais. Mais cela n'est qu'une demi-réponse ou un côté de la médaille. Quand nous renversons la médaille, nous voyons que dans un vrai sens l'homme *est* totalement corrompu. Pourquoi ? Parce que le péché s'étend à toutes les facettes de l'expérience humaine. Le péché s'insinue partout dans toute sa conduite. Paul parle de la loi du péché qui est dans ses membres (Romains 7.23), et dit que sans la puissance de Dieu il ne peut rien faire de bon ni se sauver du péché. Il est difficile, si non impossible, de penser à un seul acte qui ne soit pas souillé par le péché. Même les actes qui sont essentiellement bons sont faits avec des motifs partagés, comme par exemple quand nous félicitons quelqu'un parce que nous espérons recevoir un compliment ou quelque chose que nous voulons en retour. En fait, n'importe quel bon acte que nous faisons est toujours moindre que la perfection absolue. Esaïe dit que « toute notre justice est comme un vêtement souillé » (Esaïe 64.5). Ce fait, que le péché s'infiltre dans tout champ d'activité, est ce que nous voulons dire par la dépravation totale ou la doctrine de la corruption totale.

RESUME

L'homme est-il totalement corrompu ? Oui et Non. La médaille a deux faces. Une face nous dit « non », car la bonté est vue dans le petit bébé aussi bien que dans tous les adultes. L'autre côté de la médaille dit « oui », car nous savons que tôt ou tard ce petit enfant, si innocent en apparence maintenant, péchera. Les Ecritures soulignent cela par la remarque franche : « Tous ont péché et sont privés de la gloire de Dieu » (Romains 3.23).

Tout cela fait ressortir et résume l'attitude du réalisme. L'homme est pécheur ; cela est un fait prouvé par l'expérience et par l'observation, et enseigné par la Bible. Admettre ce fait est tout à fait réaliste. Mais l'homme est aussi capable, avec l'aide de Dieu, d'être bon. Il a été fait à l'image de Dieu et a donc, par la grâce de Dieu, le potentiel pour un comportement juste.

Lecture biblique

Romains 5.12-14, 19 ; Psaume 51.1-5.

Questions à discuter

1. Distinguez et définissez : l'optimisme, le pessimisme et le réalisme.

2. Qu'est-ce qu'on entend en disant que la nature humaine est pervertie ?

3. En quel sens le Nouveau Testament et l'histoire se sont-ils opposés à l'optimisme ?

4. Quel est le rapport entre l'optimisme et l'orgueil ?

7
QUI EST JESUS-CHRIST ?

Jésus-Christ est le fondateur de la religion chrétienne, comme Mahomet est le fondateur de l'Islam. Mais Jésus-Christ est très différent de Mahomet. Il est même plus que le fondateur de la religion la plus importante du monde. Il est le messie promis, le sauveur du monde. Il est le seigneur et le chef de l'Eglise. Il est né d'une vierge, et il est Dieu incarné dans la chair humaine.

LES NOMS

« Jésus » est en réalité le nom grec et l'équivalent du nom hébreu « Josué ». « Esaïe » et « Osée » sont d'autres formes du même nom hébreu. Le mot hébreu « Josué » signifie « Jéhovah est le salut ». Jésus est le nom personnel de notre seigneur dans les Evangiles et les Actes des Apôtres. Dans les épîtres, il est combiné avec « Christ », le nom grec équivalent du mot hébreu « messie » qui signifie « celui qui est oint ». « Le Christ » est un titre pour notre seigneur qui signifie qu'il était l'accomplissement de l'espérance messianique et des prophéties de l'Ancien Testament (Esaïe 7.14 ; 11.1-2 ; 42.1, 7 ; 49.6 ; 53 ; 61.1-3 ; Michée 5.2 ; Zacharie 9.9-10 ; 11.12-13 ; 12.10 ; 13.1, 6-7 ; 14.2-4). Après la résurrection, « Christ » était le titre donné fréquemment à Jésus, parce que la résurrection était la preuve dans la pensée des gens que ce Jésus était vraiment le Messie. Ainsi, dans les épîtres, il est appelé le plus souvent « Jésus-Christ » et parfois simplement « Christ », qui est devenu finalement un nom propre.

Parfois il est connu comme « le seigneur Jésus-Christ » ou « notre seigneur Jésus-Christ ». Le terme « seigneur » suggère son autorité, sa direction, sa maîtrise sur nous, ses enfants.

JESUS ETAIT HOMME

Jésus était un homme. Il était un vrai être humain comme vous et moi. Dans l'Epître aux Hébreux 2.17 nous lisons : « En conséquence, il a dû être rendu semblable en toutes choses à ses frères, afin qu'il fût un souverain sacrificateur miséricordieux et fidèle dans le service de Dieu, pour faire l'expiation des péchés du peuple. »

Hébreux 4.15 souligne la vérité que Jésus était humain : « En effet, nous n'avons pas un grand prêtre qui serait incapable de se sentir touché par nos faiblesses. Au contraire, il a été tenté en tous points comme nous le sommes, mais sans commettre de péché » (*Bible du Semeur*).

Ces citations démontrent et rendent clair l'enseignement du Nouveau Testament que Jésus était un homme. Nous pouvons dire avec raison que le Seigneur Jésus avait une « figure semblable à celle de tous les hommes » (citation de Tourgueniev). Oui, Jésus était réel. Il a existé dans l'histoire, et il était vraiment un être humain fait de chair et de sang.

A. La tentation à l'hérésie

Il est facile de mettre trop d'accent sur la divinité de Jésus-Christ. En révolte contre le libéralisme, l'Eglise est allée trop loin dans l'autre direction et parfois se trouvait dans la position gênante de mettre l'accent sur la

Les croyances de base

divinité du Seigneur presque à l'exclusion de son humanité. Que ce fait soit clair : il est aussi hérétique de nier ou de ne pas insister sur l'humanité de Jésus qu'il l'est de minimiser sa divinité. Il nous faut la position historique que Jésus-Christ était également humain et divin.

Le docétisme est un courant de pensée au deuxième siècle après J.-C. qui affirme que Jésus n'avait pas de corps physique. Cette croyance était communément attribuée aux gnostiques, qui associaient la matière au mal, et qui pensaient donc que Dieu ne se serait pas incarné dans un corps matériel. Les docétistes prétendaient, entre autres choses, que le corps de Jésus était une illusion et sa crucifixion également.

Peu de gens aujourd'hui iraient aussi loin que les gnostiques docétiques. Il est ridicule de faire croire que l'existence de Jésus dans la chair n'était qu'une apparence. Mais cette ancienne hérésie grecque nous a laissé les traits. Souvent, nous trouvons plus facile de penser à Christ comme divin que de penser à lui comme humain, non parce que nous pensons, même pour un instant, qu'il était irréel, mais parce que nous avons peur d'obscurcir sa divinité. Nous sentons encore l'influence du gnosticisme qui nous pousse à négliger son humanité. Mais nous ne devons pas succomber à la tentation de l'hérésie. Jésus-Christ était également Dieu et homme.

B. L'humanité de Jésus et le récit de l'Evangile

Dans les Evangiles, l'humanité de Jésus est évidente. Nous lisons qu'il mangeait et buvait et qu'il avait faim. Il était tenté de pécher, mais, bien entendu, il était sans péché. Les Evangiles montrent clairement que Jésus avait soif et faim, qu'il était fatigué, et tenté, pour que nous comprenions qu'il était un vrai homme. Mais pourquoi cela est-il tellement important ? C'est parce que l'humanité de Jésus le place à notre niveau. Il a connu la souffrance, la tentation et la fatigue, exactement comme nous, et il peut, donc, nous comprendre et manifester sa sympathie à notre égard. Nous nous réconfortons à la pensée que notre seigneur qui est remonté au ciel nous connaît et qu'il apporte au Père nos pétitions et nos besoins avec une sympathie véritable.

JÉSUS-CHRIST ETAIT DIEU

A travers ce Jésus humain nous avons la révélation de Dieu. « Dieu était en Christ », s'exclama Paul (2 Corinthiens 5.19). Paul se référait à l'Incarnation, laquelle était un miracle ! Elle est absolument unique, car elle a eu lieu une seule fois dans toute l'histoire et elle n'aura plus jamais lieu.

Jésus-Christ était plus qu'un grand leader religieux comme Bouddha, Zoroastre ou Mahomet. Il était plus qu'un grand philosophe comme Héraclite, Platon ou Socrate. Il était en fait Dieu lui-même, quoique homme.

A. La connaissance de Jésus de lui-même

Certains érudits, notamment Albert Schweitzer, ont dit que Jésus-Christ ne savait pas qu'il était le divin Fils de Dieu, le Messie. D'autres penseurs ont suggéré qu'il n'était conscient de sa position divine qu'au moment de son baptême, car il ne devint divin qu'à ce moment-là.

De telles théories présentent toutes une idée erronée concernant Jésus-Christ, car il savait très bien, et il le savait toujours, qu'il était plus qu'un simple homme.

Les croyances de base

Il savait bien qu'il fût Dieu et le messie promis. « Moi et le Père nous sommes un » (Jean 10.30), disait-il à plusieurs reprises. Même quand il était un enfant dans le Temple longtemps avant son baptême, il a dit : « il faut que je m'occupe des affaires de mon Père » (Luc 2.49). « Je suis venu afin que les brebis aient la vie, et qu'elles soient dans l'abondance » (Jean 10.10), dit-il, montrant nettement sa connaissance de son rôle messianique.

B. L'Homme-Dieu

Qu'entendons-nous par l'expression « le Christ incarné » ? Nous voulons dire que le Fils de l'homme s'est uni avec le Fils de Dieu pour faire apparaître l'Homme-Dieu. Ainsi il était « vraiment Dieu et vraiment homme », selon la définition du Concile de Chalcédoine (451 après J.-C.). Il était à la fois Dieu et homme, et il était Dieu et homme dans une égale mesure.

C'est là un mystère trop profond pour l'esprit humain de sonder. Il est accepté par la foi et basé sur le récit des Evangiles. Les Evangiles donnent au moins quatre affirmations de Jésus qui démontrent la vérité qu'il était l'Homme-Dieu. Quelles sont ces quatre affirmations ?

1. Premièrement, Jésus-Christ affirmait qu'il avait la puissance de faire des actes surnaturels. Ces actes sont appelés des « signes » ou des « miracles » dans le Nouveau Testament. Quand Jésus marcha sur l'eau, quand il calma la mer, quand il guérit l'aveugle Bartimée, il démontra sa capacité d'accomplir le surnaturel. Quand les Juifs demandèrent à Jésus de leur dire clairement s'il était le Christ, il leur dit : « Les œuvres que je fais au

nom de mon Père rendent témoignage de moi » (Jean 10.25).

2. Puis, Jésus, avait une perspicacité morale unique. Il mit dans la religion une nouvelle loi morale, la loi de l'amour. Cela a constitué une nouvelle dimension dans la religion. C'était quelque chose au-delà des dix commandements. Il est concevable que l'on puisse obéir aux dix commandements *sans* aimer son prochain. Les Pharisiens les observaient, mais l'esprit d'amour n'y était pas. « Je vous donne un commandement nouveau : Aimez-vous les uns les autres ; comme je vous ai aimés, vous aussi, aimez-vous les uns les autres » (Jean 13.34).

Jésus voulait dire : « Si quelqu'un aime le Seigneur et ses semblables de tout son cœur, il n'a pas seulement obéi à la loi de Moïse mais aussi la plus haute loi. »

3. Jésus affirmait qu'il pouvait sauver du péché. Il pardonnait le péché et ainsi relâchait les hommes de la puissance du péché et des sentiments de culpabilité. Il s'agissait là de l'essentiel de son message, résumé en Jean 3.16 : « Car Dieu a tant aimé le monde qu'il a donné son Fils unique, afin que quiconque croit en lui ne périsse point, mais qu'il ait la vie éternelle. » Jésus était et est le sauveur et peut donc apporter le salut. En effet, il est lui-même le salut, car il est le messie.

4. Finalement, Jésus affirmait être un avec le Père. A plusieurs reprises nous nous trouvons en présence de la déclaration de Jésus (trouvée surtout dans l'Evangile selon Jean) que « Moi et le Père nous sommes un. » Connaître le Père c'est connaître Christ ; connaître Christ c'est connaître le Père (voir Jean 14.7). Le Père a envoyé le Christ et le Père avait la supervision sur lui :

mais lui et le Père sont un, comme un rayon de lumière et la lumière elle-même sont un.

C. Le caractère unique de l'Homme-Dieu

Nous avons devant nous quatre affirmations de Jésus : ses miracles, sa perspicacité morale, son salut, et son unité avec le Père. Ceux-ci soulignent le caractère unique de sa personne et démontrent le fait de l'Incarnation. Nul autre homme ne peut faire honnêtement ces affirmations. Bien sûr, beaucoup avaient prétendu être des faiseurs de miracles : mais est-ce qu'ils le sont ? Si des miracles sont accomplis, le mérite doit être attribué non à un simple homme (qui n'est que l'instrument de Dieu) mais aux forces surnaturelles. A la différence de Jésus, nul homme n'a la puissance en lui-même de faire des miracles. Ou encore pensons à l'affirmation concernant la perspicacité morale. Plus d'un philosophe avant Jésus avait presque saisi la loi de l'amour : mais personne ne pouvait la définir et l'éclaircir avec la même autorité. Et personne dans l'histoire ne l'a non plus illustrée par sa vie personnelle comme l'a fait Jésus de Nazareth.

Puis il y a l'affirmation de sauver du péché. Bien que beaucoup aient prétendu posséder ce pouvoir, personne à part Jésus ne peut pardonner les péchés. Les Ecritures rendent cela clair par la question : « Qui peut pardonner les péchés, si ce n'est Dieu seul ? » (Marc 2.7).

L'affirmation finale concerne l'unité de Dieu et de Christ. Beaucoup de mystiques avaient essayé de « se perdre en Dieu, » et quelques-uns ont sans doute eu des expériences mémorables. Mais jusqu'à quel point cette « unité » d'expérience était complète et constante ?

Tout chrétien honnête, si saint qu'il soit, admettrait volontiers que son expérience de « l'unité » avec Dieu était lamentablement incomplète et tristement spasmodique.

Ainsi Jésus-Christ est la seule personne dans l'histoire qui puisse honnêtement affirmé qu'il est l'Homme-Dieu.

Il y a un autre argument pour le caractère unique de Jésus qui souligne le fait de l'Incarnation et qui devrait être observé ici. C'est le fait qu'il était le seul homme qui ait vécu sans jamais péché. On a noté ci-dessus que Jésus était moralement parfait. Nous avons noté aussi qu'il était tenté de commettre le péché, mais il est clair dans le Nouveau Testament que Jésus-Christ n'a jamais péché. Pierre témoigna à son sujet qu'il « n'a point commis de péché, et dans la bouche duquel il ne s'est point trouvé de fraude » (1 Pierre 2.22). Même dans sa sévère expérience de crise pendant la tentation dans le désert quand il avait faim, quand il se sentait seul, quand il était abattu, quand toutes les forces de la dépression psychique l'accablaient — au milieu de tout cela — il n'a point péché.

Y a-t-il un autre homme dans l'histoire qui puisse vraiment prétendre à cela ? Non. Ceci est encore une autre preuve que Jésus-Christ était le Fils incarné de Dieu.

RESUME

Qui est Jésus-Christ ? Il n'est pas un demi homme, ni un demi-dieu. Il est à la fois homme et Dieu. Il est venu nous montrer le caractère de Dieu. Il est sauveur. Il est maître. Il est le faiseur de miracles, faisant les actes puissants de Dieu. Il est l'auteur de l'amour. Il est unique : le Dieu incarné.

Lecture biblique

Hébreux 2.14-18 ; 4.14-16 ; Jean 1.1-18 ; 5.17-18 ; 5.25-27 ; chapitre 9.

Questions à discuter

1. Pouvez-vous donner les preuves bibliques pour l'humanité et la divinité de Jésus-Christ ?

2. Quel est le sens du terme « incarnation » ?

3. Quelles sont les quatre affirmations majeures de Jésus qui suggèrent la vérité qu'il était l'Homme-Dieu ?

8
JÉSUS-CHRIST ET SON EGLISE

Le mot traduit dans le Nouveau Testament par « église » est *eklesia*. Ce mot grec signifie littéralement « appeler hors » du monde. Ainsi, ceux qui appartiennent à l'Eglise sont les « choisis » de Dieu, ou bien ses « élus ». *Eklesia* avait pris le sens d'une « assemblée » ou d'une « congrégation » ou encore d'une « communauté » et ceux-ci sont, naturellement, les concepts qui viennent à l'esprit quand nous parlons de l'Eglise.

JESUS, LE FONDATEUR DE L'EGLISE

Jésus est venu sur la terre pour fonder l'Eglise (voir Matthieu 16.18). Sa vie, sa mort et sa résurrection avaient comme but de fonder l'Eglise. Ce but a été réalisé, car la Pentecôte a été la naissance de l'Eglise (Actes 2), et l'Eglise dans toute sa force est avec nous aujourd'hui encore.

Mais quand nous disons que Jésus est venu pour fonder l'Eglise, nous n'entendons pas par là un bâtiment ni même une organisation. Nous avons bien sûr ces choses à l'esprit, mais par l'Eglise nous pensons à quelque chose de beaucoup plus profond. C'est justement ce « quelque chose de plus profond » qui constitue l'essence de l'Eglise.

A. L'Eglise est la famille de Dieu

Jésus nous a enseigné d'appeler Dieu « notre Père », et il nous a dit que nous pouvons être les enfants de

Dieu. C'est ce rapport Père-enfants qui montre la vraie signification de l'Eglise que Jésus a fondée. L'Eglise est la famille de Dieu parce que tous ceux qui y appartiennent sont les enfants de Dieu et Dieu est leur Père.

Jésus est venu pour rendre possible ce rapport Père-enfant. D'abord, il nous a montré comment est ce rapport, en ce qu'il était lui-même un fils et appelait Dieu son père. Il était un exemple d'un membre parfait de l'Eglise. Il obéissait au Père parce qu'il l'aimait et lui était totalement consacré. De la même manière, si nous voulons être de vrais enfants de Dieu, nous devons aimer le Père, le servir et lui obéir.

Jésus, cependant, était plus qu'un exemple parfait. Il était le maître de la foi. Il a établi les principes de croyances et de pratique que l'on doit suivre si l'on veut être membre de la famille du Père. Le cœur de l'enseignement de Christ était l'amour, l'amour de Dieu et de l'homme. Matthieu rapporte ces paroles : « Jésus lui répondit : Tu aimeras le Seigneur, ton Dieu, de tout ton cœur, de toute ton âme, et de toute ta pensée. C'est le premier et le plus grand commandement. Et voici le second, qui lui est semblable : Tu aimeras ton prochain comme toi-même » (Matthieu 22.37-39). Si, donc, quelqu'un aime vraiment Dieu et son semblable comme il s'aime lui-même, il est membre de la famille de Dieu qui est l'Eglise. Il est né de nouveau et il a la promesse de la vie éternelle.

B. La résurrection

Les disciples de Jésus aimaient beaucoup son enseignement, et ils étaient toujours étonnés de son comportement qui reflétait magnifiquement ce qu'il enseignait.

Mais cela n'était pas suffisant pour fonder et établir l'Eglise. Christ devait mourir et sortir victorieux du tombeau avant que l'Eglise ne fût établie.

Quand Christ se rendit à la croix, les disciples doutèrent que Jésus fût réellement leur Messie (Luc 24.21). Ils ne semblaient pas comprendre que la croix était une partie du plan de Dieu. Ayant abandonné l'espérance en Christ et le mouvement qu'il avait lancé, les disciples retournèrent même à leur métier de pêcheurs. Mais au milieu de leur désappointement quelque chose d'extraordinaire arriva : Christ ressuscita ! Il ressuscita vainqueur de la mort et du tombeau, prouvant aux disciples ébahis qu'il était vraiment le Messie, la réponse à leurs espoirs et à leurs rêves. Les disciples étaient si émus par la résurrection qu'ils ne pouvaient cesser d'en parler. La résurrection établit pour eux la vérité que Christ était leur messie, leur leader et le fondateur de la foi qu'ils allaient embrasser.

Après la résurrection, Christ marcha et parla avec les disciples et les gens qui les accompagnaient. Il apparut, en une certaine occasion, à plus de « cinq cents frères à la fois » (1 Corinthiens 15.6). Alors le mouvement se mit à croître parce que les gens étaient vraiment persuadés par le fait de la résurrection. Les gens se disaient : « Cela n'aurait pu se passer sans l'aide de Dieu : ce mouvement est donc sérieux, et nous suivrons ce Maître venu de Dieu. »

C. La naissance de l'Eglise chrétienne

La résurrection de Christ donna donc une vraie impulsion au mouvement chrétien, Mais l'Eglise n'était pas encore fondée.

Les croyances de base

Christ, après la résurrection, demeura avec ses amis sur la terre pendant quarante jours, assez longtemps pour établir fermement qu'il n'était pas un charlatan, mais vraiment ressuscité et, par conséquent, le vrai représentant de Dieu. Puis il dit à ses disciples une chose très importante, qu'il les quitterait et retournerait au ciel chez son père, et qu'ils devaient assumer son travail sur la terre. Il leur fit comprendre clairement qu'ils devaient faire savoir à tous, même jusqu'aux extrémités de la terre, l'histoire de Christ et de sa résurrection. Ils obtiendraient de cette manière la loyauté d'un nombre beaucoup plus grand de gens. Christ, sachant très bien que les disciples et leurs aides ne pourraient pas le faire par leurs propres forces, leur promit qu'après son ascension le Saint-Esprit viendrait les aider. Il leur dit d'attendre à Jérusalem l'arrivée du Saint-Esprit. Lisez à ce sujet Marc 16.24-20 ; Luc 24.44-53 ; et Actes 1.1-9.

Le jour de Pentecôte, les disciples et les autres qui suivaient Christ étaient « tous ensemble dans le même lieu » (Actes 2.1). La Pentecôte était un festival juif qui avait lieu cinquante *(pentekonta)* jours après la Pâque, une fête juive très importante. Ils attendaient avec respect et en prière pour l'Esprit promis. Soudain, il vint « comme le bruit d'un vent impétueux, et il remplit toute la maison où ils étaient assis. Des langues, semblables à des langues de feu, leur apparurent, séparées les unes des autres, et se posèrent sur chacun d'eux. Et ils furent tous remplis du Saint-Esprit, et se mirent à parler en d'autres langues, selon que l'Esprit leur donnait de s'exprimer » (Actes 2.2-4).

Tout cela arriva, alors qu'il y avait, à Jérusalem, des Juifs de « toutes les nations qui sont sous le ciel ». Ces

Juifs étaient là pour célébrer la grande fête de la Pentecôte. Quand ils virent l'expression de l'Esprit et entendirent les gens qui parlaient, ils commencèrent à se réunir pour voir ce qui se passait. Comme ils s'approchaient, ils pouvaient entendre ce qu'ils disaient, et ce qui était étonnant c'était que ces Juifs de « toutes les nations » comprenaient, chacun dans sa propre langue. Quelques-uns se moquèrent des gens remplis du Saint-Esprit, et d'autres dirent qu'ils étaient ivres. Mais Pierre éleva la voix et expliqua que ces gens n'étaient pas ivres, mais possédés de l'Esprit. Il leur raconta l'histoire de Jésus et comment les Juifs le mirent à mort et comment il ressuscita de la mort. Les gens écoutèrent bien, parce qu'ils reconnurent qu'ils étaient en présence d'une chose étrange et merveilleuse, que Dieu était là. Un grand nombre, environ 3 000, crurent à ce que Pierre disait, et ils promirent de suivre Christ. Vous pouvez lire ce récit dans le chapitre 2 du livre d'Actes.

Souvenez-vous que ces gens étaient venus de toutes les nations du monde antique. Ce fait est important, car ils apportèrent la Bonne Nouvelle de la prédication de Pierre à leurs propres pays et préparèrent la voie pour l'établissement de beaucoup d'Eglises. Pierre, Jean et puis Paul, Barnabas et d'autres allèrent à travers Jérusalem, Judée et « jusqu'aux extrémités de la terre » raconta l'histoire du Christ ressuscité. Cette histoire était acceptée par des milliers parce que les apôtres étaient remplis du Saint-Esprit qui donnait de l'autorité à leur message. L'Eglise de Jésus-Christ prit ainsi naissance, s'établit et se mit à croître.

Les croyances de base

JESUS-CHRIST ET L'UNITE DE L'EGLISE

Une des caractéristiques les plus étonnantes de la nouvelle Eglise était son unité, ou ce que nous pourrions appeler sa solidarité. Que de fois avons-nous vu ce fait dans les premiers chapitres des Actes. Voici quelque déclarations typiques :

> *Ils étaient tous ensemble dans le même lieu. (Actes 2.1)*

> *Tous ceux qui croyaient étaient : dans le même lieu. (Actes 2.44)*

> *La multitude de ceux avaient cru n'était qu'un cœur et qu'une âme (Actes 4.32)*

Le Saint-Esprit avait tellement captivé le petit groupe de chrétiens que leurs différences étaient perdues dans l'activité sacrée, et ils étaient unis dans un seul but celui d'introduire le monde à Jésus-Christ.

C'est en Jésus-Christ que la vraie unité de l'Eglise consiste. Il n'y a pas, en effet, d'autre unité que celle qui est en Jésus-Christ. A cause de Jésus-Christ, l'Eglise est une en nom, en prière, en baptême, dans la sainte cène, dans les hymnes, dans la rédemption, etc. Toute Eglise qui embrasse la foi historique est appelée une Eglise chrétienne ; c'est un fait remarquable que les différences entre les confessions religieuses se perdent dans la prière à Dieu ; les convertis sont baptisés en Christ, pas dans une confession religieuse ; tous partagent la table du Seigneur, pas la table d'un groupe ou d'une certaine Eglise. Tous prêchent le même évangile, celui du Christ crucifié et ressuscité. Tous chantent au sujet du même

Christ. Tous sont sauvés par la même rédemption d'un même seigneur crucifié.

John Wesley a parlé des cœurs des chrétiens étant « singulièrement cousus ensemble », une expérience que tout vrai chrétien connaît. N'avez-vous pas été en autobus ou au marché ou à un autre endroit inconnu, et vous vous êtes trouvés parlant à quelqu'un qui était tout à fait un étranger, mais quand même un chrétien ? D'abord vous ne saviez pas qu'il est chrétien, mais il ne vous faut pas longtemps pour le découvrir. Une parole prononcée, sa façon de se comporter, quelque chose suggère que celui avec qui vous conversez est chrétien. Vous osez demander s'il est chrétien. « Mais oui », dit-il. « Et vous, vous êtes aussi un chrétien ! » Immédiatement la conversation devient très animée. Vous n'êtes plus étrangers. Il y a une union entre vous. Vous avez un sentiment de communion, car vous deux êtes « singulièrement cousus ensemble ». Mais pourquoi ? Parce que vous avez quelque chose en commun, quelque chose d'ineffablement merveilleux, qui n'est pas une possession ordinaire. Cette possession est Jésus-Christ. C'est l'Esprit de Jésus, le Saint-Esprit, qui vous coud ensemble et vous donne tous les deux ce désir ardent d'amener les autres, le monde entier si vous le pouvez - dans cette communion dont vous jouissez tellement tous les deux.

A. La communion de la joie

Cette joie éprouvée par les chrétiens en communion était aussi caractéristique des chrétiens du premier siècle. Elle a toujours été caractéristique des vrais chrétiens. La persécution, la famine ou le péril n'enlèvent pas la joie d'une personne née de nouveau. Il peut y

Les croyances de base

avoir du désappointement. C'est inévitable, mais il y a de la joie au fond du cœur de tout croyant. Cela est l'activité de Dieu lui-même dans la vie de l'individu.

B. L'unité chrétienne et le cœur joyeux

Or, si ce sentiment de joie est caractéristique de tous les chrétiens, il doit être une indication significative d'unité. Découvrir Christ est une affaire émouvante, et amène de la joie. Jésus a dit que le royaume est comme un homme qui découvre un trésor caché. Il est si enthousiasmé par sa découverte qu'il ne peut pas se taire. Son cœur tressaille de joie et il crie : « Je l'ai trouvé ! »

Les chrétiens ont trouvé un trésor, quelque chose qui surpasse de loin un trésor caché. Ce trésor est Jésus-Christ. Il est la raison pour la joie du chrétien, parce qu'il donne la paix au lieu de l'anxiété, l'amour au lieu de la haine, et un but dans la vie au lieu de la confusion. Le chrétien ne peut pas se taire au sujet de sa découverte de Christ. Toutes ses actions révèlent sa joie intérieure. Tout le monde sait qu'il possède un trésor, une personne qui apporte de la joie.

C. L'unité en mission

Le plan de Dieu est que la joie personnelle d'un chrétien soit contagieuse, et elle l'est. Qui peut se trouver dans la présence de chrétiens heureux et ne pas vouloir prendre part à cette communion satisfaisante ? Et qui peut avoir part à la communion et ne pas désirer que l'étranger fasse partie de cette communion de joie ? Le génie de la propagation de l'Evangile est dans le croyant lui-même et dans la communion elle-même ; parce que dans le croyant et dans le groupe chrétien il y a une expérience et un genre de vie que le monde désire vraiment.

Les vrais chrétiens parlent aux autres à propos de ce chemin de vie. Ils aident les non convertis à découvrir leur Christ. Ils introduisent l'étranger à leur communion du cœur joyeux. Cela est de l'activité missionnaire, et les vrais chrétiens sont unis dans leur désir de propager cette manière joyeuse de vivre.

D. Le Saint-Esprit et l'unité chrétienne

Le Saint-Esprit est mentionné à travers ce chapitre. Mais qui est le Saint-Esprit ? Et comment est-il la source de l'unité de l'Eglise ?

Le mot hébreu pour esprit est *ruach* qui suggère l'idée de vent, et quand il est appliqué à l'Esprit de Dieu il désigne son activité et sa présence dans le cœur des hommes. Ainsi le Psalmiste dit : « Ne me retire pas ton esprit [*ruach*] saint » (51.13). Comme le vent ou l'air est respiré et remplit une fonction dans l'homme, ainsi l'Esprit de Dieu est dans l'homme, accomplissant sa fonction sainte.

Le mot grec pour esprit est *pneuma* et suggère aussi l'idée de vent, ou bien d'air. Un marteau pneumatique fonctionne à l'aide de l'air comprimé. Les pneus d'automobile sont remplis d'air. Cet Esprit invisible est en nous, agissant, puissant, réel (Actes 1.8)

Dans le chapitre sur la sanctification nous verrons que le Saint-Esprit peut nous remplir, produisant ainsi en nous l'amour et les autres aspects du fruit de l'Esprit, et la puissance de témoigner. Nous voulons souligner ici le fait que le Saint-Esprit lie les chrétiens ensemble dans une unité de communion. Paul parle de la « communion du Saint-Esprit » (2 Corinthiens 13.13). Le mot grec rendu par communion dans ce verset est *koinonia*, et il renferme l'idée de communauté, d'union, d'unité. Dans quelques Eglises, un groupe ou une classe de l'école de dimanche peut porter le nom de « koinonia ». C'est un nom très approprié pour un groupe d'église, car les chrétiens sont vraiment liés ensemble par l'Esprit de Dieu en Christ.

Le Saint-Esprit, la troisième personne de la Trinité, est alors invisible comme le vent, mais aussi comme le vent il est puissant. Il peut nous remplir de sa présence et de son activité sainte, nous faisant aimer et servir. Sa présence dans les individus produit le *koinonia* dans le groupe chrétien, faisant des individus une communauté, la sorte la plus élevée d'unité religieuse.

RESUME

L'Esprit lie les chrétiens individuels ensemble dans l'unité. Il le fait en donnant un centre commun autour duquel les vies chrétiennes sont équilibrées : Jésus-Christ est ce centre commun. Dans la prière, dans les sacrements, dans l'Evangile, dans les hymnes et dans la rédemption, tous les chrétiens sont unis parce que toutes ces choses sont dans le nom de Christ. Découvrir Christ est à la fois émouvant et joyeux. L'Eglise, cette communion de joie, est unie dans le but d'étendre ses frontières. La joie et l'activité missionnaire marchent de pair et aident à démontrer l'unité du peuple de Dieu. Le Saint-Esprit rend réel l'unité du peuple de Dieu dans la communion, c'est-à-dire le *koinonia* (communion).

Lecture biblique

1 Corinthiens 15 ; Matthieu 28 ; 16.13-20 ; Actes 2 ; 4.32-37.

Questions à discuter

1. Pourquoi l'Eglise est-elle la famille de Dieu ?

2. Quel rapport y a-t-il entre la résurrection de Jésus-Christ et la fondation de l'Eglise ?

3. Quel rapport y a-t-il entre l'effusion de l'Esprit à la pentecôte et l'Eglise ?

4. De quelles manières la vraie Eglise est-elle unie ? Dites comment des facteurs comme l'Esprit, la communion, la joie et la mission contribuent à l'unité de l'Eglise.

9
QU'EST-CE QUE L'EXPIATION ?

Saint Paul a dit que la croix était le centre même de notre foi, et les chrétiens depuis Paul ont dit la même chose. Si la croix est tellement importante, nous devons savoir pourquoi elle l'est et ce qu'elle signifie.

LA CROIX

Au premier siècle la croix était le moyen de punir un criminel par la mort, et elle était la méthode la plus pénible de mort publique. Les gens haïssaient la pensée de la croix, parce qu'ils savaient très bien en quoi consistait cette méthode macabre de punition. Même les soldats de forte carrure ne pouvaient guère s'accoutumer à traiter les criminels de cette manière, et souvent les soldats engourdissaient leurs sens par des boissons fortes avant une exécution.

A. La méthode de la crucifixion

Comment un criminel était-il crucifié au premier siècle ? Premièrement, la victime était fouettée, c'est-à-dire flagellée. Cette flagellation était si sévère que la victime en mourrait souvent. Jésus n'a pas échappé à la flagellation (Jean 19.1). Par ailleurs, c'était la coutume de lier la barre transversale au dos de la victime, et parfois elle était forcée de porter la croix entière, comme dans le cas de Jésus. Le criminel était alors emmené à travers les rues par un centenier et quatre soldats qui ont été commandés de faire l'exécution. L'inscription, écrite sur du bois blanchi, était en lettres noires et portée devant le condamner pour annoncer à tous les passants pourquoi il devait mourir.

Sur le lieu de l'exécution la victime était dépouillée de ses vêtements, et selon la coutume ses habits étaient donnés aux soldats. La tunique de Jésus n'était pas divisée parmi les soldats parce qu'elle était sans couture et aurait plus de valeur laissée en une seule pièce. Les soldats ont tiré au sort pour déterminer à qui elle serait (Jean 19.23-24).

Les deux parties de la croix, la barre transversale et la barre verticale, étaient mises ensemble et toute la croix élevée au moyen d'échelles. Quelquefois la croix était assemblée par terre, la victime y étant étendue et liée. Les mains étaient clouées à la croix et parfois les pieds, comme pour Jésus. Il n'est pas difficile d'imaginer les cris d'angoisse venant des lèvres de la victime quand les clous perçaient sa chair.

L'inscription était fixée au sommet de la croix et le criminel était laissé là pour mourir. Mourir de cette manière était lent, l'homme languissant pendant des heures ou même des jours. Jésus fut crucifié à neuf heures du matin et mourut. Ce même jour, vers trois heures de l'après-midi (Marc 15.25, 34).

B. La honte de la croix

La crucifixion était la pire méthode de mort connue dans l'ancien monde romain. La souffrance était sévère. En fait, elle était affreuse. James Orr dit à propos de la croix : « Avec sa torture prolongée et atroce, elle était la mort la plus agonisante et la plus honteuse que la cruauté d'un âge cruel pût inventer. » Chaque criminel priait pour que le supplice de la croix lui fût épargné. La

Les croyances de base

honte qu'elle attirait en faisait le genre de mort le plus mauvais. La victime était nue et exposée aux passants qui riaient et se moquaient d'elle. Jésus n'a pas échappé à ces moqueries (Luc 23.35-37). Les moqueries, et le fait que la croix était réservée pour les criminels, les esclaves et les étrangers, constituaient vraiment une grande humiliation.

Ainsi, les écrivains du Nouveau Testament ont fréquemment parlé de la honte de la mort de Jésus. Hébreux 12.2, par exemple, parle de Jésus qui « a souffert la croix, méprisé l'ignominie », et ailleurs nous lisons que Jésus était « maudit » ou « anathème. »

La croix de Jésus-Christ, avec toute sa honte et sa douleur, était l'événement le plus tragique de l'histoire, parce que Jésus était le Fils parfait de Dieu. Il ne pouvait guère être classé comme un criminel ! Mais voyons comment Dieu a pris cet événement des plus tragiques et l'a changé en l'événement le plus glorieux de l'histoire.

L'EXPIATION

Tout homme sait qu'il a péché, qu'il s'est détaché de Dieu, et qu'il doit trouver le chemin qui le ramènera à Dieu. L'essence de l'expiation réside, paraît-il, dans le problème de trouver le chemin du retour à Dieu. En fait, l'expiation est définie comme la création des conditions par lesquelles Dieu et l'homme se réunissent.

A. L'homme ne peut pas faire l'expiation

Le vrai problème de l'expiation est celui-ci : Qui créera les conditions par lesquelles Dieu et l'homme puissent se réunir ? L'homme lui-même ne peut pas créer ces conditions. Le Christianisme dit que l'Evangile commence à la croix et que dans la croix étaient créées les conditions par lesquelles Dieu et l'homme peuvent être réconciliés. La croix est un acte de Dieu, non de l'homme. Les hommes n'étaient que les instruments de l'exécution de Jésus, mais la croix elle-même était une partie de l'accomplissement du plan de Dieu le Père.

L'homme ne peut pas faire l'expiation de ses péchés par des dons. Les actes de charité sont très bons, et tous ceux qui se sont identifiés avec le travail du Royaume de Dieu savent bien que les institutions chrétiennes ont besoin de fonds pour les maintenir. Mais de tels dons, qu'ils soient grands ou petits, même s'ils sont employés pour des buts nobles, ne peuvent pas expier nos péchés.

De plus, vivre une bonne vie, même une très bonne vie, ne peut expier nos péchés. « Je suis aussi bon que mon prochain », entendons-nous dire souvent, comme si la bonté de quelqu'un lui garantirait une place auprès de Dieu. Quelques-uns feraient même un acte très noble et moral en essayant d'avoir contact avec Dieu. La plus grande tentation d'un individu de profession libérale qui travaille à développer les caractères des autres serait peut-être de croire qu'il a fait quelque chose de si noble qu'il a aidé, par là, à expier ses péchés. Mais tel n'est pas l'enseignement du Nouveau Testament. Il enseigne que l'on ne peut rien faire pour l'expiation de ses péchés. On ne peut même pas expier ses péchés en accomplissant des actes merveilleux pour l'élévation morale de soi-même et des autres.

D'autres ont encore insisté que l'homme peut s'approcher de Dieu en s'humiliant. Tout au cours de l'histoire humaine, il y a eu ceux qui se sont privés de

Les croyances de base

nourriture et de vêtements, ou bien qui ont macéré leur corps avec l'idée qu'ils expiaient ainsi leurs propres péchés. L'hindou, qui se promène à demi nu au sommet enneigé de l'Himalaya, essaie d'expier ses péchés et de se débarrasser des sentiments de culpabilité. « Le péché doit être puni, donc je me punirai moi-même, pécheur que je suis », disent ces gens. Le péché doit être puni, bien sûr, mais seul Dieu en Christ est capable de pourvoir à une punition suffisante.

B. Dieu seul peut expier le péché

Il est tout à fait vrai que le péché doit être puni. Cela est une loi de Dieu qui provient de sa nature même, car la sainteté ne peut supporter l'iniquité. Si l'on désobéit à la loi du pays, on est pris, jugé et puni. Si la société n'agissait pas de cette manière, elle serait si agitée qu'elle ne pourrait exister. La même chose est vraie dans le monde de l'esprit ; et Dieu, dans son amour et sa sagesse et à cause de sa justice, a pourvu à la punition et à l'expiation de nos péchés. Il a envoyé son fils unique. L'agneau de Dieu, pour mourir à notre place et pour prendre sur lui-même la punition que nous méritions (Esaïe 53.5 ; Hébreux 9.28 ; 1 Pierre 2.24).

L'expiation du péché, dès lors, est le produit de l'initiative unique de Dieu et n'a rien à faire avec les efforts de l'homme. Ainsi Paul s'exclame joyeusement : « Car Dieu était en Christ, réconciliant le monde avec lui-même » (2 Corinthiens 5.19). Cela est la grâce divine et l'amour en action, et le Christ de la croix justifie l'homme devant la justice inflexible de Dieu.

C. La croix et le pardon divin

Dans l'Ancien Testament Dieu a enseigné que l'expiation doit être faite pour le péché : ainsi les sacrifices d'animaux faisaient partie de la religion hébraïque. Ces sacrifices annonçaient le sacrifice de Christ. Dans le Nouveau Testament ces sacrifices d'animaux étaient remplacés par le sacrifice du Christ qui est mort une fois pour toutes pour le péché (Hébreux 7.27).

Dieu disait aussi à son peuple, dans la période de l'Ancien Testament, que le pardon du péché accompagnait l'expiation du péché (Lévitique 4.20 ; 5.10, etc.). De plus, au temps du Nouveau Testament. Jésus-Christ pourvoit au pardon par son œuvre rédemptrice sur la croix. Ainsi, la signification de l'expiation pour le pécheur est celle-ci : Dieu, dans son amour, a pourvu à l'expiation du péché de l'homme et, si le pécheur se repent, il est pardonné.

D. La croix et l'amour divin

On ne peut donc pas trop insister sur le fait que la croix était un acte *d'amour*. Imaginez que vous-même, un parent, permettant à votre fils, votre fils unique, qui était innocent de souffrir et de mourir à la place d'un vrai criminel ? Cela demanderait beaucoup d'amour de votre part, mais vous êtes d'accord parce que vous voulez que le criminel soit libéré. C'est ainsi que « Dieu a tellement aimé le monde, qu'il a donné son Fils unique », dit l'apôtre Jean en 3.16. Il n'est guère étonnant que Jean s'est écrié : « Nous l'aimons, parce qu'il nous a aimés le premier » (1 Jean 4.19).

Au douzième siècle vivait un moine remarquable, du nom de Bernard de Clairvaux. Il avait une affection tendre pour son seigneur crucifié et une compréhension exceptionnelle de l'amour qui a envoyé le sauveur à la croix, comme il l'exprima dans son hymne bien connu : « Chef couvert de blessures » :

> *Chef couvert de blessures, meurtri par nous pécheurs,*
> *Chef accablé d'injures, d'opprobres de douleurs.*
> *Des splendeurs éternelles naguère environnées,*
> *C'est d'épines cruelles qu'on te voit couronné !*
>
> *C'est ainsi que tu paies le prix de ma rançon.*
> *Tes langueurs et tes plaies, voilà ma guérison.*
> *Mon âme criminelle est à tes pieds, Seigneur ;*
> *Daigne jeter sur elle un regard de faveur.*
>
> *Au sein de ma misère, sauvé par ton amour,*
> *Pour toi que puis-je faire ? Que t'offrir en retour ?*
> *Ah ! Du moins, Dieu suprême, prends à jamais mon cœur :*
> *Qu'il te serve et qu'il t'aime, plein d'une sainte ardeur.*
>
> *Pour ta longue agonie, pour ta mort sur la croix,*
> *Je veux toute ma vie, te louer, Roi des rois !*
> *Ta grâce est éternelle, et rien jusqu'à la fin,*
> *Ne pourra, Dieu fidèle, me ravir de ta main.*

RESUME

Que voulons-nous dire par l'expiation ? Dieu, dans son amour infini, a créé les conditions par lesquelles Dieu et l'homme peuvent être réconciliés. Le péché de l'homme offensait le Dieu juste, mais Dieu lui-même a pris l'initiative dans l'acte de réconciliation. La douleur et la honte de la croix nous aident à nous rendre compte de l'effort de Dieu en Christ en fournissant l'expiation et la réconciliation. La douleur et la honte de la croix servent aussi à accentuer l'amour de Dieu pour nous ; la croix nous porte à l'aimer et à nous repentir de nos péchés.

La croix était l'événement le plus tragique dans l'histoire, parce que des hommes méchants ont tué le Fils unique de Dieu, qui a vécu une vie parfaite. Mais Dieu a pris ce terrible événement et l'a changé en l'événement le plus béni de l'histoire, car la croix voulait que l'homme pût être pardonné et jouir de la vie éternelle.

Lecture biblique

Jean 12.27-28 ; Jean 18 — 19 ; Matthieu 26 — 27.

Questions à discuter

1. Décrivez la méthode de la crucifixion dans l'antiquité.

2. Pourquoi la croix était-elle honteuse du point de vue de la victime ?

3. Pourquoi « l'homme ne peut-il expier ou réparer ses propres péchés » ?

4. Quelle relation y a-t-il entre la croix et le pardon ?

5. Pourquoi la croix révèle-t-elle l'amour ? Devrait-il nous faire répondre à Dieu dans l'amour ?

10
LA REPENTANCE ET LA CONVERSION

LA SIGNIFICATION DE LA CONVERSION

Dans l'Ancien Testament il y a deux mots hébreux pour la conversion, et tous les deux communiquent l'idée de repentance. Dans le Nouveau Testament il y a trois mots grecs pour la conversion, et ceux-ci aussi signifient essentiellement « se repentir ». L'enseignement de l'Ecriture, donc, c'est que la repentance conduit à la conversion.

A. La repentance

Le mot employé le plus fréquemment pour la conversion dans le Nouveau Testament est *metanoeo*. Ce mot signifie littéralement : « Je change d'avis » ou encore « je change l'homme intérieur ». Il a aussi l'idée de se tourner et d'aller en sens inverse. Avant la conversion, on marche dans la mauvaise direction sur le chemin de la vie. Il va tout droit vers la destruction morale et spirituelle. Mais après la conversion, on marche précisément en sens inverse. On se dirige vers le bien-être moral et spirituel. Un sens sur le chemin de la vie conduit à la désintégration, le sens inverse conduit à l'intégration. L'un conduit à un rajustement défectueux, l'autre à un rajustement correct. L'un à la destruction, l'autre à la construction. L'un mène au mal et au chagrin, l'autre à la justice et à la joie.

B. Qu'est-ce qui se passe quand vous vous repentez ?

C'est une chose que de dire que la repentance amène à une vie changée, mais une toute autre chose que de se repentir en fait. Qu'est-ce qui est compris dans cette repentance qui amène à la conversion ?

1. Le premier élément dans la repentance est la *reconnaissance*. On doit reconnaître sa mauvaise manière de vivre et sa culpabilité. Paul en parle, une fois, comme « la connaissance du péché » (Romains 3.20). On doit aussi avouer que l'on est incapable de se sauver du péché et que l'on a *besoin* d'être sauvé du péché. Cela n'est pas facile, parce que nous sommes orgueilleux, des créatures indépendantes et nous n'aimons ni admettre que nous sommes pécheurs, ni admettre que seul quelqu'un en dehors de nous peut nous libérer de l'esclavage du péché.

2. Un deuxième élément de la repentance est la *tristesse*. Paul parle de « la tristesse selon Dieu » qui « produit une repentance à salut dont on ne se repent jamais » (2 Corinthiens 7.10).

3. Un troisième élément concerne un changement de *but*. Quand on s'est vraiment repenti, le but que l'on poursuit dans la vie est très différent. C'est la *volonté* qui est à l'œuvre ici : le pécheur décide de se tourner sur le chemin de la vie et d'aller en sens inverse. Ainsi l'on a le désir de se détourner de ses mauvaises voies et de chercher la délivrance du péché. Voyez la comparaison avec Jérémie 25.5 : « Que chacun de vous abandonne sa mauvaise conduite et ses actes mauvais ! » (*Bible du semeur*).

Donc, dans la repentance on *reconnaît* son besoin, on est *triste* à cause de ses péchés, et on a *l'intention* dans son cœur de suivre Dieu. S'il était possible de diviser ces trois éléments en catégories psychologiques, nous pourrions dire que la reconnaissance est une activité *intellectuelle*, que la tristesse est une réaction *émotionnelle* et que l'intention est essentiellement une réponse *volitive*.

Il serait intéressant et instructif de lire à ce propos le Psaume 51 à propos de la repentance du roi David.

C. La foi et la repentance

On reconnaît son péché, on s'attriste et on se propose de changer à cause du don de la foi que Dieu donne. Un homme qui est spirituellement aveugle ne peut pas « voir » son besoin. Un homme qui est émotionnellement « froid » envers Dieu et la justice ne peut s'attrister à cause de ses péchés. Celui qui a un cœur « endurci » ne peut vouloir chercher Dieu. Mais Dieu le Saint-Esprit convainc du péché et offre la foi pour la repentance.

Or, la foi consiste à mettre notre confiance en Dieu. C'est croire qu'il entendra l'expression de notre repentance et qu'il nous pardonnera nos péchés et nous donnera le salut et une paix intérieure à laquelle nous soupirons. Paul dit : « Etant donc justifiés par la foi, nous avons la paix avec Dieu par notre seigneur, Jésus-Christ » (Romains 5.1). La foi est l'acceptation intérieure de Dieu comme étant un être réel et digne de confiance. Elle est absolument essentielle. Les Ecritures nous disent que « sans la foi il est impossible de lui (Dieu) être agréable » (Hébreu 11.6). On reconnaît par la foi les vérités spirituelles et morales comme ayant de la plus grande valeur.

Il y a deux sortes de foi à distinguer. Premièrement nous parlons de la foi *historique*. C'est la croyance dans les Ecritures et les traditions orthodoxes de l'Eglise. Deuxièmement, il y a la foi qui *sauve* ou la foi *pratique* dans laquelle l'intelligence, les émotions et la volonté fonctionnent en acceptant l'offre de Dieu du salut en Christ.

LE FAIT DE LA CONVERSION

La conversion est un fait. Elle n'est pas quelque chose que l'on imagine, ni une sorte d'expérience produite par soi-même qui donne un « bon sentiment ». Elle peut produire, il est vrai, une sensation agréable en celui qui l'a éprouvée ; mais la conversion elle-même est le résultat d'un acte véritable et surnaturel de Dieu. Elle n'est pas seulement une libération produite par les émotions et une expérience momentanée.

A. Le fait de la conversion illustré dans la Bible

Dans le neuvième chapitre du livre des Actes, nous avons l'histoire de la conversion de Saul. Saul était en chemin vers Damas dans le but de persécuter les chrétiens mais, comme il s'approchait de la ville, une grande lumière venant du ciel resplendit autour de lui et le rendit aveugle. Il tomba par terre et entendit une voix qui lui dit : « Saul ! Saul, pourquoi me persécutes-tu ? » C'était Jésus lui-même qui lui parlait. Jésus lui donna les instructions d'aller dans la ville, où Saul passa trois jours de cécité, après lesquels un croyant nommé Ananias toucha ses yeux pour qu'il recouvrât la vue.

Les croyances de base

Cette expérience changea Saul complètement. Il cessa de persécuter les chrétiens. Il se joignit même aux chrétiens et devint un disciple fidèle de Jésus-Christ et peut-être le plus grand prédicateur que l'Eglise chrétienne ait jamais produit. Cela n'est pas un simple mythe, mais compte rendu d'un événement réel. La conversion fut un fait, une réalité, pour Paul.

Nous pourrions continuer avec les histoires de Lydie dont « le Seigneur lui ouvrit le cœur » (Actes 16.14), de la femme au puits (Jean 4), et de l'aveugle-né en Jean chapitre neuf, démontrant le *fait* de la conversion dans la Bible. Evidemment, il n'y avait pas de doute dans les pensées des convertis ni dans les pensées des écrivains de la Bible. C'était tout décisif. Ces gens rencontrèrent Dieu et furent transformés.

B. Le fait de la conversion illustré dans l'histoire

L'histoire classique de la conversion de John Wesley illustre le fait de la conversion dans l'histoire. John Wesley, un ministre ordonné, était membre d'un petit groupe qui se réunissait pour la prière et l'étude de la Bible dans un appartement sur la rue Aldersgate, à Londres. La nuit du 24 mai 1738, John n'avait aucun désir d'aller à la petite réunion. Néanmoins, il y alla, et quand il arriva en retard, un des membres était en train de lire l'introduction du commentaire de Luther sur l'Epître aux Romains. Puis, quelque chose se passa ! « Vers neuf heures moins le quart », écrit John Wesley dans son journal, « pendant qu'il [le lecteur] décrivait le changement que Dieu opère dans le cœur par la foi en Christ, je sentis mon cœur singulièrement réchauffé. Je sentais que je me confiais à Christ seul, pour mon salut ; et une assurance m'était donnée, qu'il m'a ôté mes péchés, même les miens, et qu'il m'a sauvé de la loi du péché et de la mort. »

Il est non seulement clair que cette déclaration est marquée du sceau de l'autorité, mais les fruits de la conversion de John Wesley servent à démontrer l'authenticité de la transformation qui en est résultée. En effet, il finit par changer la face de l'Angleterre. Ainsi que beaucoup d'historiens compétents le reconnaissent maintenant, John Wesley évita à l'Angleterre une révolution comparable à celle qui eut lieu en France.

Le temps et l'espace ne nous permettent pas de raconter l'expérience de la conversion d'Augustin, de John Newton, de Francis Asbury et de beaucoup d'autres dans l'histoire évangélique. Mais ceci est vrai : des milliers de personnes à travers toutes les périodes qui ont suivi le ministère de Jésus-Christ ont vécu cette expérience étonnante qui consiste à recouvrir la vue après avoir été une fois aveugles. Dieu peut prendre un homme mauvais et en faire un bon. Ce n'est pas seulement un souhait ; c'est un fait.

Il est à noter que beaucoup d'expériences de conversion ne sont pas aussi frappantes que celles de Wesley ou de Paul. L'élément important n'est pas la *manière* mais la *connaissance* intérieure que l'on est un enfant de Dieu.

LA CONNAISSANCE DE LA CONVERSION

Comment puis-je savoir que je suis sauvé ou converti ? C'est là une question qui a troublé beaucoup de gens. Il est important que ce problème soit compris et que sa solution soit clarifiée.

A. La tentation de s'attendre aux réactions universelles

Parce que nous sommes tous différents les uns des autres, l'expérience de la conversion produit des réactions différentes. Quelques réactions sont prosaïques, d'autres sont presque hilares. Quelques-uns n'ont presque pas de réaction, avec peu ou pas de réponse émotive. D'autres encore ont une réaction tardive ; cette sorte de personne abandonne sa vie à Dieu, mais elle ne se sent pas différente jusqu'à ce que quelques jours ou quelques semaines ou même quelques mois aient passé, après la formation de nouvelles habitudes et de nouvelles attitudes.

Or, la tentation en toutes choses est de s'attendre à des réactions universelles. Cela est vrai dans la conversion. Nous voulons que tous réagissent comme nous l'avons fait lors de la conversion. Mais Dieu ne nous a pas créés de façon que nous réagissions de la même manière à la conversion ou à n'importe quelle autre expérience. Même comme tous ne se ressemblent pas, ainsi tous réagissent différemment. Quelques-uns rient de bon cœur quand ils entendent une histoire comique, d'autres ne font que sourire, et d'autres ont simplement un air content. Quelques-uns deviennent surexcités pendant une réunion sportive, d'autres réagissent moins ouvertement, et il y en a qui observent le match d'une manière tout à fait tranquille. Les différences de tempérament et de personnalité justifient ces différences dans les réactions.

B. Les sentiments et la croyance

Supposez qu'une personne de tempérament doux trouve Dieu dans la conversion. Devrait-elle s'attendre à réagir avec les mêmes émotions intenses qu'une personne de tempérament contraire ?

Beaucoup de personnes sont troublées parce qu'elles ne « sentent » rien quand elles s'abandonnent à Dieu. Elles s'attendent à ce que la nouvelle naissance produise en elles une sensation. Cela peut arriver, mais pas nécessairement. D'autres éprouvent une délivrance radicale du péché. Le fardeau enlevé, elles se sentent vraiment libérés. Quelques jours après, cependant, il se peut qu'elles aient perdu les premières sensations. Cela ne veut pas dire que le croyant a perdu sa communion avec Dieu. Il signifie simplement que la période initiale de la conversion est passée.

Voici une loi ou un principe de l'existence spirituelle : la croyance, et non les sentiments, détermine la validité de l'expérience chrétienne. Si quelqu'un croit que Dieu en Christ est son sauveur, et s'il s'est vraiment abandonné au sauveur, ses *sentiments* n'ont absolument rien à faire avec le *fait* de sa conversion. C. S. Lewis le dit ainsi, « la chose importante dont on doit se souvenir est que même si nos sentiments vont et viennent, son amour pour nous ne change pas ».

C. Le témoignage de l'Esprit

Si nous comptons sur la promesse de Dieu du salut pour la connaissance personnelle de la conversion, le témoignage intérieur de l'Esprit deviendra pour nous une réalité. « L'Esprit lui-même », dit Paul, « rend témoignage à notre esprit que nous sommes enfants de

Dieu » (Romains 8.16). Cela est un des signes les plus certains d'une personne qui est née de nouveau. Il y a une « connaissance » intérieure ou une « assurance » que le converti est un enfant de Dieu. Il y a une paix profonde, fixe, la « paix de Dieu, qui surpasse toute intelligence » (Philippiens 4.7). Dans la personne convertie apparaît le sentiment de bien-être, ou d'accord avec Dieu et avec ses semblables.

A mesure que l'on croît dans la voie chrétienne, le sentiment que l'on vit dans l'Esprit devient de plus en plus clair. Le fruit de l'Esprit commence dès lors à être évident : « L'amour, la joie, la paix, la patience, la bonté, la bénignité, la fidélité, la douceur, la tempérance » (Galates 5.22-23). Tout cela est l'œuvre de l'Esprit et est l'évidence de son activité. S'il est ainsi actif, il « rend témoignage », c'est-à-dire, il communique ou il se fait réel au converti.

John Wesley appelait cela « l'assurance » du salut, car le témoignage intérieur de l'Esprit nous assure, en effet, ou nous persuade de la conversion. Nous avons, c'est-à-dire, nous possédons une conviction intérieure, faite par l'expérience, que Dieu en Christ est notre sauveur.

Lecture biblique

Jean 3.1-21 ; Actes 9.1-22 ; 2 Corinthiens 7.8-11 ; Jean 16.8-11 ; Romains 8.12-17 ; 5.1-2 ; Galates 5.16-25 ; Ephésiens 2.1-10.

Questions à discuter

1. Que signifie réellement la repentance ? Quels éléments y sont compris ?

2. Quelle est la relation entre la foi et la repentance ?

3. Pouvez-vous donner quelques exemples de l'expérience de la conversion ? Expliquez la vôtre.

4. Parlez de la tentation de s'attendre à des réactions universelles. Liez ceci à l'élément émotif ou au sentiment dans la conversion. Qu'est-ce que le témoignage de l'Esprit ? Quels sont les fruits de l'Esprit ?

11
QU'EST-CE QUE LA SANCTIFICATION ?

La sanctification est une doctrine enseignée par l'Ecriture, et elle a été enseignée pendant toute l'histoire de l'Eglise chrétienne. Elle a été parfois enseignée d'une manière incorrecte. Notre tâche dans ce chapitre est de rendre clair ce qu'est la sanctification.

DEFINITIONS

Plusieurs termes ou expressions sont employés pour la sanctification. En voici quelques-uns : la sainteté, la perfection chrétienne, l'amour parfait, la vie plus profonde, et le baptême du Saint-Esprit. Tous ces termes sont essentiellement synonymes, quoiqu'il y ait de différentes nuances entre les significations et chaque terme souligne des aspects particuliers de la sanctification.

Le mot hébreu pour sanctifier est *gadash*, qui suggère l'idée de « couper » ou séparer. La séparation, aussi, est l'idée principale du mot *hagiazo* rencontré dans le Nouveau Testament. Le mot *hagios* est apparenté à *hagiazo* et est, en général, traduit par « saint » ou « sacré » et signifie littéralement « mettre à part » quelque chose par Dieu ou pour lui.

Ainsi, une personne « sanctifiée » est quelqu'une qui est séparée de ce monde pécheur et mise dans une relation spéciale avec Dieu. Elle n'est pas *hors* du monde, mais pendant qu'elle est *dans* le monde elle est consacrée à Dieu pour le service divin. Un serviteur ou un esclave est *dans* le monde mais en est séparé pour donner son temps et ses énergies au service de son maître.

Alors, cette « mise à part » représente l'aspect *extérieur* de la sanctification. L'aspect *intérieur* est d'être rempli de l'Esprit de Dieu, ce qui signifie une activité croissante de Dieu dans la personne. Cela signifie aussi une extension plus pleine et plus riche de l'amour de Dieu. Cela veut dire, en outre, une croissance continuelle dans les choses de l'Esprit. Et toutes ces caractéristiques de la vie remplie de l'Esprit ont pour but de produire, dans la personne, la puissance de témoigner et de faire de bonnes œuvres.

La purification du péché intérieur est un autre élément en rapport avec l'aspect *intérieur* de la sanctification. Si le remplissage de l'Esprit est le côté positif de la sanctification, la purification en est le côté négatif. Tous les deux ont lieu à la sanctification. Le cœur purifié n'est nulle part aussi parfaitement exprimé qu'en Ezéchiel 36.25-26 : « Je répandrai sur vous une eau pure, et vous serez purifiés ; je vous purifierai de toutes vos souillures et de toutes vos idoles. Je vous donnerai un cœur nouveau, et je mettrai en vous un esprit nouveau ; j'ôterai de votre corps le cœur de pierre, et je vous donnerai un cœur de chair. » Au verset 27 de ce même chapitre, le côté positif ou la plénitude de l'Esprit est exprimé : « Je mettrai mon esprit en vous, et je ferai que vous suiviez mes ordonnances, et que vous observiez et pratiquiez mes lois. » (Comparez avec Actes 2 ; Joël 12.28-32).

Les croyances de base

La sanctification est accomplie instantanément, selon l'enseignement de John Wesley, et des penseurs modernes, tels que W. E. Sangster et Paul Rees. Tout le monde compris, la sanctification est une expérience en développement, cependant dans le cas de certaines personnes, cet aspect de croissance peut éclipser l'aspect instantané. Toute fois, il faut ce remplissage initial de l'Esprit et cette purification du péché intérieur pour être libéré en vue d'un avancement et d'une croissance plus poussés en Christ. L'aspect intérieur, ou ce que nous avons appelé la vie remplie de l'Esprit, réfléchit cette qualité appelée la sainteté. La sainteté est simplement la séparation avec ce monde coupable, par la puissance divine pour une vie sainte et bonne. Cette libération de la personnalité de la puissance du péché et pour une bonne vie est présentée en Actes 26.18, où Paul dit que Jésus l'envoya ouvrir les yeux aux hommes « pour qu'ils passent des ténèbres à la lumière et de la puissance de Satan à Dieu, pour qu'ils reçoivent, par la foi en moi, le pardon des péchés et l'héritage avec les sanctifiés » (voir aussi Jean 17.17 ; 1 Thessaloniciens 5.23).

Avec cette introduction, nous sommes prêts à définir la sanctification. Elle peut probablement être mieux définie par ses caractéristiques. Celui qui est sanctifié est caractérisé par certains faits :

... qu'il est « mis à part » ou consacré au service de Dieu

... qu'il a été purifié du péché

... qu'il est le possesseur d'une nouvelle capacité pour l'amour et la croissance dans l'amour

... qu'il a la puissance de témoigner et de faire de bonnes œuvres

... qu'il a la victoire sur le péché.

Toutes ces caractéristiques sont produites par l'Esprit qui demeure en lui.

UN MOT D'AVERTISSEMENT

Un mot d'avertissement doit être donné ici. La personne sanctifiée n'est pas arrivée à la fin de sa perfection. « Ce n'est pas que ... j'aie déjà atteint la perfection », dit Paul dans Philippiens 3.12. Une fois remplie de l'Esprit, une personne n'est que prête à croître vers de nouvelles hauteurs dans la grâce et la connaissance de la vérité. Plutôt qu'une fin la sanctification est un *commencement*. Et quel commencement émouvant elle est ! Car, une fois consacré à faire toute la volonté de Dieu, l'on est prêt à conquérir un nouveau territoire pour Dieu. Ce triomphe est plein de tout l'enthousiasme et de l'aventure d'un alpiniste escaladant une cime.

Il ne faut pas supposer que la sanctification vous placera au sommet d'un seul coup. Paul dit : « Je cours vers le but, pour remporter le prix de la vocation céleste de Dieu en Jésus-Christ » (Philippiens 3.14). Paul voyait que la sanctification était une expérience croissante et en développement. Soyez patient. Ne vous attendez pas à y arriver d'un seul coup. Et par-dessus tout, participez à l'enthousiasme des nouvelles découvertes pendant que vous escaladez la montagne de l'existence spirituelle.

RESSENTANT LE BESOIN DE LA SANCTIFICATION

On ne peut pas être rempli de l'Esprit de Dieu à moins de vouloir l'être, et il ne peut vouloir l'être à moins de voir son besoin.

A. Chaque chambre doit être donnée à Dieu

La conversion est une expérience initiale. Nous pourrions dire, la porte ouvrant sur la vie chrétienne. La conversion est la repentance qui aboutit au pardon des péchés passés. La sanctification est beaucoup plus ; il s'agit de remettre à Dieu chaque chambre dans sa vie. C'est laisser l'Esprit de Dieu remplir chaque chambre, chaque coin et chaque recoin. Même des gens qui vont à l'église ne veulent pas remettre chaque chambre à Dieu. Ils sont égoïstes, voulant garder la chambre du plaisir, de la puissance ou de l'argent pour eux-mêmes. Mais la personne sanctifiée abandonne le plaisir, la puissance, l'argent, et toute autre chambre de sa vie au service de Dieu. Dieu demande toute chambre.

Avez-vous remis chaque chambre de votre vie à Dieu ? Si vous ne l'avez pas fait et que vous voulez admettre que vous ne l'avez pas fait, vous voyez dès lors votre besoin de la sanctification.

B. L'amour et le témoignage

La principale caractéristique d'une personne remplie de l'Esprit est l'amour. Son témoignage, ses efforts pour la réforme sociale sont le produit de l'amour. Ils ne sont pas le produit du devoir ni de l'orgueil essentiellement, mais de l'amour.

Quand le Saint-Esprit prend possession de toutes la chambres de notre vie, il bannit la crainte et met à sa place l'amour (1 Jean 4.18). Il s'agit là d'un très grand amour, car maintenant on possède un désir insatiable d'apprendre tout ce que l'on peut concernant Dieu et de faire tout ce que l'on peut pour amener d'autres au bonheur que Dieu pourvoit. C'est pour cette raison qu'un homme comme John Wesley pouvait dire : « Le monde est ma paroisse. » Allez à Westminster Abbey, à Londres, et là vous verrez une plaque commémorative à John Wesley. Sur la plaque il est montré prêchant à une foule en plein air, son endroit favori pour la prédication. Il est sans peur. Il prêche un message tiré d'un cœur rempli d'amour. Il désire vivement voir ces hommes et ces femmes amenés à une connaissance salutaire et satisfaisante de Jésus-Christ.

Entrant à cheval dans une certaine ville, John Wesley cria : « Je suis venu leur apporter Christ. » Et voilà ! Celui qui est rempli de l'Esprit ne peut se taire au sujet de Christ. Chaque nerf et chaque fibre de son corps sont donnés au service de Dieu. Son énergie et sa force sont données à l'œuvre de Dieu. Rien ne lui plaît plus que de voir une personne amenée au Royaume ; rien ne le provoque plus que la lutte pour les âmes mourantes. Il ne possède pas l'Esprit ; l'Esprit le possède et le remplit d'amour et de puissance pour qu'il accomplisse une tâche dans la construction du Royaume de Dieu.

Maintenant la question se pose : « Est-ce que j'ai l'Esprit en moi à un tel degré ? Est-ce qu'il me remplit de façon que j'aie le courage, la capacité et la puissance de témoigner pour Christ ? » Si l'Esprit vous a possédé

Les croyances de base

et rempli avec son amour, la réponse est positive. S'il ne l'a pas fait, voyez-vous votre besoin ?

C. La puissance de témoigner

Témoigner c'est raconter l'Evangile en parole ou en acte ou les deux à la fois. La question de la puissance de témoigner est extrêmement importante, puisque l'Eglise chrétienne est construite sur le principe de la communion, et la communion ne peut croître à moins que les chrétiens n'amènent au dedans ceux qui sont au dehors. Aimer et travailler pour que ceux qui sont au dehors deviennent ceux qui sont au dedans est la méthode pour la propagation de l'Eglise chrétienne.

Cette question de la puissance pour témoigner était tellement importante que Jésus commandait à ses disciples d'aller partout prêcher l'Evangile (Matthieu 28.19--20). C'était l'un des derniers commandements que Jésus a donnés. Mais Jésus savait très bien que les disciples ne pouvaient prêcher ni témoigner efficacement par eux-mêmes. Ils n'avaient absolument pas en eux-mêmes, ni nous non plus, les ressources intérieures pour témoigner et pour avoir des résultats. Jésus a donc promis de l'aide à ses premiers disciples, et à nous. Cette aide est le Saint-Esprit. D'ailleurs, avant son ascension, Jésus dit à ses disciples d'attendre à Jérusalem la venue du Saint-Esprit. Quand il viendra, dit Jésus, « vous recevrez une puissance et vous serez mes témoins ... jusqu'aux extrémités de la terre » (Actes 1.8). Le mot grec traduit ici par puissance est *dunamis*, duquel dérive le mot dynamite. Ainsi, en français nous pourrions très bien traduire ce verset comme suit, « vous recevrez la dynamite » du Saint-Esprit pour témoigner. Une traduction très moderne serait : « Vous recevrez une puissance de fusée » pour être catapulté dans la stratosphère coupable pour gagner des hommes et des femmes à Jésus-Christ.

C'était précisément cette puissance de fusée qui caractérisait le petit groupe de disciples du premier siècle. Lisez les Actes des Apôtres et voyez-le par vous-même ! Les activités et les accomplissements de ces gens remplis de l'Esprit ne finissent pas de nous étonner ! Pierre, Jean, Paul, Barnabas et beaucoup d'autres ne pouvaient travailler assez dur. Ils ne pouvaient faire assez. L'Esprit de Dieu était avec eux, travaillant en eux et à travers eux, les employant comme instruments pour gagner 3.000 âmes (Actes 2.41) et « beaucoup d'autres jour après jour ».

Le fait que les chrétiens peuvent avoir une puissance pour témoigner est résumé très bien par James Stewart d'Edimbourg comme suit :

> *C'est un phénomène vérifiable de l'expérience chrétienne qu'un individu, saisi par l'Esprit de Dieu, peut avoir toute sa vie haussée à un niveau de force spirituelle et d'efficacité qui auparavant aurait été incroyable ; et si l'Esprit de Dieu peut faire de telles œuvres puissantes pour et dans et par une vie abandonnée à son empire, quelle révolution de l'histoire ne résulterait-il pas d'une Eglise qui lui est complètement consacré ?*

Tout cela ne veut pas dire que vous gagnerez nécessairement 3 000 ou 5 000, ni tout autre nombre de gens pour Jésus-Christ, quoique l'influence d'une personne remplie de l'Esprit continue et ne puisse jamais être mesurée. Cela signifie que l'Esprit de Dieu peut s'emparer de votre vie et travailler dans et à travers vous pour tout ce qu'il désire faire et accomplir. Alors, la question très personnelle est celle-ci : L'Esprit de Dieu s'est-il emparé de vous ? Avez-vous reçu une puissance pour témoigner ? Sinon, et si vous voulez admettre cela, vous voyez votre besoin de la sanctification.

D. Le plus grand besoin de l'Eglise

Il n'y a pas de plus grand besoin dans l'Eglise chrétienne d'aujourd'hui que celui d'un peuple rempli de l'Esprit, possédant la puissance de Dieu qui caractérisait les chrétiens du premier siècle. Cela est de loin plus important que les bombes à hydrogène, les missiles ou rétablissement d'un système supérieur de satellites. C'est plus important que l'amélioration de notre éducation (et nous en avons besoin). La vie remplie de l'Esprit est plus importante que la solution de n'importe quel problème de notre époque ou de n'importe quelle époque. Pourquoi la vie remplie de l'Esprit est-elle si importante ? C'est le seul espoir d'améliorer un monde inique. Les gens remplis de l'Esprit sont l'âme de l'Eglise.

Les gens remplis de l'Esprit constituent le moyen par lequel Dieu construit son Eglise. Les gens remplis de l'Esprit peuvent connaître la victoire sur le péché et la propager.

UNE ENTREPRISE DE COOPERATION

La vie sanctifiée est le résultat de l'activité de Dieu et de l'effort de l'homme. En d'autres termes, c'est une entreprise de coopération.

A. Dieu et l'homme au travail dans la vie sainte

Paul nous commande : « Bénissez ceux qui vous persécutent » (Romains 12.14), et « Ayez les mêmes sentiments les uns envers les autres. Ne soyez point sages à vos propres yeux. Ne rendez à personne le mal pour le mal. Recherchez ce qui est bien devant tous les hommes » (Romains 12.16-17).

Michée 6.8 est un ordre bien connue à faire ce qui est bien : « On t'a fait connaître, ô homme, ce qui est bien ; et ce que l'Eternel demande de toi, c'est que tu pratiques la justice, que tu aimes la miséricorde, et que tu marches humblement avec ton Dieu. »

La Bible est pleine de telles injonctions. Le commandement est clair : nous devons vivre des vies saintes. Nous avons déjà dit que les vies saintes ne peuvent être vécues si elles ne sont pas remplies de l'Esprit. La plénitude de l'Esprit est faite de la part de Dieu ; mais il est aussi clair selon les commandements bibliques que Dieu présuppose aussi un effort de la part de l'homme. Autrement. Il n'y aurait pas de sens à donner des commandements. Dieu ne fait pas tout le travail ! Il est possible de manquer la cible d'une vie sainte en négligeant les suggestions et en refusant de se servir des ressources de l'Esprit en nous.

La part de Dieu dans la sanctification est rendue claire en 1 Thessaloniciens 5.23 : « Que le Dieu de paix vous sanctifie lui-même tout entiers ». La part de l'homme est indiquée en 2 Corinthiens 7.1 : « Purifions-nous de toute souillure de la chair et de l'esprit, en achevant notre sanctification dans la crainte de Dieu. »

Les croyances de base

B. John Wesley et la sainteté sociale

Dieu commande dans sa parole que les chrétiens produisent de bonnes œuvres. « Vous les reconnaîtrez à leurs fruits », dit Jésus, et Romains 7.4 mentionne le fait que nous portons des fruits pour Dieu. Le résultat naturel de la foi et de la vie remplie de l'Esprit est du fruit. Sans le Saint-Esprit il n'y aurait que peu ou même pas de vrai fruit ; avec le Saint-Esprit il y aura inévitablement du fruit en abondance.

John Wesley dit : « Il n'y a pas de sainteté sans sainteté sociale. » Cela veut dire que la preuve de la sanctification se trouve dans la contribution ou non du chrétien à un monde meilleur. Wesley prit au sérieux la vie de sainteté : il aidait les chômeurs à trouver du travail. Il prêtait de l'argent pour aider quelques-uns à s'établir dans un métier. Il trouvait des maisons pour ceux qui étaient sans foyer. Il soignait les malades et les moribonds. Il encourageait la réforme des prisons. Il avançait l'idée de l'éducation des masses. Il se récriait contre les maux des boissons alcooliques, et nous pourrions continuer la liste ! En effet, John Wesley prit tellement au sérieux la sainteté sociale. Il est le père du mouvement des œuvres sociales de l'Evangile au temps modernes.

Wesley déclarait qu'il ne suffit pas de penser de bonnes pensées et d'espérer avoir de la bonté. Cela est tout à fait insuffisant ! Il dit que nous devons *être* bons et *faire* du bien. Tel est certainement le commandement de l'Ecriture : « Ainsi donc, pendant que nous en avons l'occasion, pratiquons le bien envers tous, et surtout envers les frères en la foi » (Galates 6.10). Cela est aussi confirmé dans les vies des gens qui sont vraiment remplis de l'Esprit.

C. La sainteté pratique

Or, cette affaire d'être bon et de faire du bien souligne le côté pratique de la sanctification. On ne doit pas témoigner d'une vie sanctifiée si l'on ne fait pas tout son possible pour améliorer le monde autour de soi. En effet, si la sainteté n'est pas sociale, elle n'est nullement la sainteté, et ce serait du blasphème d'en témoigner.

Mieux encore, évitez de vous vanter de votre sainteté, et laissez le fruit d'une vie sanctifiée se montrer en un amour actif et constant pour Dieu et pour vos voisins. Voilà donc en quoi consiste la sanctification !

Lecture biblique

Hébreux 12.12-17 ; Matthieu 5.43-48 ; Jean 17.17-19 ; Philippiens 3.12-16 ; 1 Jean 4.13-21 ; Actes 1.8 ; 2 ; Romains 12.14-21.

Questions à discuter

1. Définissez la sanctification. Distinguez entre les aspects extérieurs et intérieurs. Quelle relation y a-t-il entre la plénitude de l'Esprit et la purification ?

2. Quelle part l'amour véritable joue-t-il dans la vie sanctifiée ?

3. Croyez-vous vraiment que l'Esprit peut s'emparer de quelqu'un en vue de témoigner ?

4. Comment pouvez-vous coopérer avec Dieu dans une vie sainte ? Que veut dire « la sainteté sociale » ?

12

LE SACREMENT DU BAPTEME

Nous étudierons dans ce chapitre le sacrement du baptême, et dans le chapitre suivant le sacrement de la sainte cène. Mais nous devons tout d'abord expliquer ce qu'est un sacrement, et quelque chose concernant le point de vue protestant sur les sacrements ou les ordonnances.

C'est évident qu'un sacrement est quelque chose de sacré, mais sa signification est beaucoup plus profonde que cela. Il est quelque chose de spécial, et dans la théologie protestante le terme est employé seulement pour le baptême et la sainte cène.[1] Tous les deux furent institués par Jésus-Christ. Tous les deux sont des signes extérieurs indiquant une œuvre intérieure faite par la grâce divine. Tous les deux inspirent la foi et l'obéissance à Dieu. C'est une erreur grave de ne pas prendre au sérieux leur signification, et négliger l'un ou l'autre, comme John Wesley l'a dit, c'est le faire à ses risques et périls.

---

[1] Les Amis (Quakers) et l'Armée du Salut prétendent éprouver le baptême du Saint-Esprit et la communion de la sainte cène sans des actes externes. D'ailleurs, ils ne permettent pas le « signe » externe. Les Quakers, fondés par George Fox, affirment que le rite externe et les symboles du pain, du vin et de l'eau détournent l'attention ou font obstacle à ce que l'Esprit de Dieu veut réellement faire pour l'individu.

Les catholiques romains ont sept sacrements : le baptême, la sainte cène, la confirmation, la pénitence, l'extrême-onction, l'ordre et le mariage. Ces sept, disent les catholiques, sont les voies spécifiques fixées par Dieu par lesquelles la grâce est donnée. La grâce n'est pas donnée par les moyens à tort et à travers, disent-ils, mais seulement au moyen de ces sept sacrements.

Le protestantisme croit que les deux sacrements qu'il accepte sont des moyens de grâce, mais pas les seuls moyens. Il rejette les cinq autres professés par les catholiques. Le protestantisme fait remonter son emploi des deux sacrements aux jours de l'Ancien Testament. A cette époque la circoncision et la Pâque étaient les seuls actes sacrés reconnus comme tels. « La circoncision », dit le théologien américain Louis Berkhof, « était pratiquée parmi d'autres nations comme une mesure de santé, mais parmi les Israélites elle devenait un sacrement de l'alliance de la grâce, symbolisant l'élimination du péché. » Puis Berkhof observe qu'aux jours de Moïse la « Pâque fut ajoutée et symbolisait ou représentait la délivrance du peuple de Dieu ». Dans le Nouveau Testament, la circoncision fut remplacée par le sacrement par du baptême, et la Pâque par la sainte cène.

LE BAPTÊME, LE COMMANDEMENT DE JESUS CHRIST

Après sa résurrection, Christ a institué le baptême : « Allez, faites de toutes les nations des disciples, les baptisant au nom du Père, du Fils et du Saint-Esprit (Matthieu 28.19). Par la manière dont ce commandement du baptême fut accompli dans les Actes des Apôtres, il est évident que l'Eglise primitive le considérait comme un

Les croyances de base

moyen pour une personne ou une famille de témoigner de sa nouvelle relation avec Dieu.

Jésus lui-même fut baptisé, et comme il voyait le besoin de l'acte en tant que témoin, il l'a institué. Le fait qu'il a institué le baptême est une raison pour laquelle cet acte est considéré comme un sacrement. La sainte cène était aussi instituée par Christ. Les chrétiens croient qu'une partie de la définition d'un sacrement est qu'il était institué par Christ lui-même.

Alors ce commandement de Jésus de baptiser fut mis en pratique dans l'Eglise primitive, comme cela est indiqué en Actes chapitre 2. Pierre annonce : « Repentez-vous, et que chacun de vous soit baptisé ... pour le pardon de vos péchés (Actes 2.38). Cette insistance sur le baptême est typique de l'attitude du premier siècle. Mais le commandement de baptiser n'était nullement limité au premier siècle. Pendant toute l'histoire de l'Eglise il a été considéré comme une source importante de grâce et un moyen de témoigner.

LA SIGNIFICATION DU BAPTÊME

Que signifie vraiment le baptême ? Qu'est-ce qui arrive à un individu lors du baptême ? De telles questions doivent avoir une réponse, et ce qui est écrit dans cette partie devrait éclaircir quelques-unes de ces questions.

A. Le baptême est par l'eau et par l'Esprit

L'Esprit et l'eau sont des éléments du baptême. Dès qu'une personne croit, l'Esprit de Dieu la régénère, c'est-à-dire la rend nouvelle : la nouvelle naissance. Elle est la greffe sur la vraie Eglise ou le corps de Christ (1 Corinthiens 12.13). Le baptême d'eau l'aide à s'identifier avec Christ et montre le lien qui existe entre cette personne et Christ. Le baptême signifie le lavage de la régénération (Tite 3.5), le pardon des péchés (Actes 2.38), est la nouvelle naissance (Jean 3.5). Le baptême est, selon le point de vue biblique, essentiellement un acte spirituel, quelque chose qui se produit dans le cœur de la personne elle-même.

Mais l'eau joue un rôle aussi. Elle symbolise, ou rend clair par un acte matériel, le fait du lavage ou de la purification du péché. Ainsi nous disons que l'eau du baptême symbolise et scelle l'acte divin déjà accompli dans le cœur d'un individu.

B. Le baptême est fait au nom de la Trinité

Le baptême est fait au nom du Père, du Fils et du Saint-Esprit. Cette méthode a été suivie depuis les débuts de l'Eglise, et est basée sur le commandement de Jésus en Matthieu 28.19.

C. La place et la fonction de l'assemblée au baptême

Le baptême a une signification non seulement pour l'individu, mais aussi pour l'assemblée. En fait, l'assemblée promet réellement de prendre la personne baptisée dans sa communion et de partager les responsabilités pour son éducation chrétienne (Actes 2.42). On devrait rappeler aux assemblées leur rôle dans le baptême dans chaque réunion où le sacrement est observé.

D. Le baptême est en Christ et en son Eglise

Le baptême est en Christ et donc en son Eglise universelle. On n'est pas baptisé ni presbytérien, ni catholique, ou ni méthodiste ; on est baptisé chrétien. C'est pourquoi le fait de rebaptiser est très rare, eh bien, en tout cas il devrait être rare. Il est d'usage courant pour les catholiques de reconnaître le baptême protestant et vice versa. En outre, si l'on a été baptisé dans une église méthodiste, son baptême est valable si l'on devient membre de l'Eglise presbytérienne plus tard. Le baptême est en Christ, pas dans une confession religieuse.

E. La mort et la résurrection de la personne

Le baptême signifie qu'on est mort au péché et qu'on a été ressuscité à une nouvelle vie en Jésus-Christ. « Ignorez vous que nous tous qui avons été baptisés en Jésus-Christ, c'est en sa mort que nous avons été baptisés ? Nous avons donc été ensevelis avec lui par le baptême en sa mort, afin que, comme Christ est ressuscité des morts par la gloire du Père, de même nous aussi nous marchions en nouveauté de vie » (Romains 6.3-4). Dans cette métaphore, Paul, nous rappelle une fois de plus le caractère spirituel du baptême.

LE MODE DU BAPTÊME CONSIDERE

Historiquement, trois modes ont été employés dans le baptême : versement, aspersion, et immersion. Mais, les quakers n'ont pas de forme externe. Nous pourrions dire donc qu'il y a quatre modes, au point de vue de méthode, qui sont employés dans l'Eglise chrétienne.

A. La relation de la signification au mode

Les quakers rendent un grand service au monde chrétien en nous rappelant que la vraie signification du baptême est la chose la plus importante dans le baptême. Pour les quakers, le baptême est une expérience intérieure, et est mise en mouvement par l'Esprit lui-même. La signification du baptême est ainsi accentuée par contraste avec le rite ou la forme. Il est généralement accepté parmi les chrétiens que la signification surpasse la forme en degré d'importance. Il est aussi généralement accepté parmi les chrétiens que nous ne pouvons pas nous passer des modes externes et des rites.

B. Le baptême des adultes par l'immersion

La conviction des baptistes et d'autres (les disciples de Christ, par exemple) est que l'immersion est le seul mode correct du baptême. Romains chapitre 6 (le passage sur la mort et la résurrection par le baptême) n'a de sens et n'est vraiment symbolisé, disent les partisans de l'immersion, que lorsque le baptême est fait par immersion. En outre, ils soulignent le fait que le mot grec pour baptiser, *baptizo,* signifie littéralement « aller au fond de », « plonger », « submerger ». Donc, selon leur argument, l'immersion est la seule bonne méthode, malgré le fait qu'il y a par ailleurs d'autres significations du mot *baptizo.*

Un élément fort à l'appui de cette opinion est que l'immersion est le seul mode accepté comme convenable par presque toutes les confessions. Ce mode est acceptable à tous, tandis que l'aspersion et le versement de l'eau ne le sont pas.

Avec cette idée d'immersion chez les protestants se manifeste l'opinion que seuls les adultes peuvent être baptisés. En un mot, l'argument est que quelqu'un ne peut être baptisé jusqu'à ce qu'il soit assez âgé pour « savoir » ce qu'il fait. Il doit avoir le témoignage de l'Esprit qu'il est enfant de Dieu avant que Dieu puisse

Les croyances de base

sceller sa promesse du salut à l'individu dans le baptême. C'est ce qu'on appelle le baptême du croyant.

Il faut encore souligner que c'est la vraie signification du baptême. Plutôt que le mode, qui est d'importance primordiale. Jean Calvin a certainement compris la signification du baptême quand il l'a défini comme « un signe d'initiation par lequel nous sommes reçus dans la communion de l'Eglise, afin que, étant greffé en Christ, nous puissions être comptés parmi les enfants de Dieu ».

C. Le baptême des enfants par l'aspersion

Le baptême des enfants est pratiqué par les méthodistes, les épiscopaliens, les presbytériens et d'autres. Il y a beaucoup d'arguments en faveur du baptême des enfants. D'un côté, les familles tout entières (avec les enfants très probablement) étaient baptisés selon le Nouveau Testament (voir Actes 2.39 ; 16.15, 33 ; 18.8 ; 1 Corinthiens 1.16). Cela paraît être tout à fait normal et était pratiqué souvent dans l'Eglise du premier siècle. Donald M. Baillie dit que « pour un Juif cela semblerait être la chose la plus naturelle au monde qu'un homme, au moment où il devient chrétien, de faire baptiser ses enfants en même temps que lui-même comme il les avait fait circoncire lors de leur première enfance ».

Un autre argument pour le baptême des enfants est que nous avons l'évidence historique que les enfants étaient baptisés au deuxième siècle, donnant ainsi un soutien d'ancienneté à la tradition. Un autre argument est que Jésus a dit : « Laissez les petits enfants et ne les empêchez pas de venir à moi : car le royaume des cieux est pour ceux qui leur ressemblent » (Matthieu 19.14), suggérant qu'il ne serait pas selon l'Esprit de Christ de refuser le baptême aux enfants. Il est intéressant que ce verset apparaisse quelquefois aux fonts baptismaux dans les Eglises qui pratiquent le baptême des enfants.

Par ailleurs certains théologiens de la tradition réformée et les covenantaires, pour appuyer cette pratique, ont avancé que, « Nous n'avons pas reçu de renseignement, soit par la parole soit par l'exemple, que ceux qui sont nés dans des familles chrétiennes ne peuvent pas être baptisés jusqu'à ce qu'ils aient atteint l'âge adulte ... et qu'ils aient professé leur foi en Christ ». L'étude et l'enquête les plus profondes en faveur du baptême des enfants qui sont apparues au cours des récentes années sont celles faites par le théologien suisse, Oscar Cullman.

Ceux qui pratiquent le baptême des enfants croient que quelque chose est accompli de trois manières : (1) l'enfant lui-même est béni, (2) les parents font une promesse, (3) l'Eglise fait une promesse. Quant à l'enfant, beaucoup croient que d'une manière mystique Dieu renforce la foi dans cet enfant né de parents chrétiens. Ceux qui pratiquent le baptême des enfants ne prétendent jamais que les moyens de grâce sont limités au moment du baptême. Ils pensent plutôt que lorsque l'enfant croît et apprend ce qui s'est passé, il sera inspiré de décider pour Christ et il sera poussé vers la foi.

Quant aux parents, on leur fait comprendre qu'ils enseigneront les Ecritures de l'Ancien et du Nouveau Testament à leurs enfants et qu'ils feront tout leur possible pour élever leurs enfants « en les corrigeant et en les instruisant selon le Seigneur ». En d'autres termes, le baptême est quelque chose qui met beaucoup de responsabilité sur les parents.

Cette question de la responsabilité, néanmoins, n'est pas limitée aux parents. Elle est aussi placée sur l'assemblée. Quand les membres de l'assemblée sont témoins d'un baptême d'enfant, ils promettent et annoncent qu'ils feront, eux aussi, tout ce qu'ils peuvent pour élever cet enfant « en le corrigeant et en l'instruisant selon le Seigneur ». Les membres de l'Eglise devraient désirer ardemment enseigner une classe à l'école de dimanche, travailler aux réunions des enfants ou faire quoi qu'ils puissent pour affirmer les précieux petits enfants de leur assemblée.

Un mot devrait être ajouté ici concernant les adultes qui sont baptisés dans les églises qui pratiquent le baptême des enfants. Dans beaucoup de ces églises, le baptême peut être fait soit par aspersion soit par immersion, selon le choix de celui qui est baptisé. Le candidat au baptême devrait certainement prendre conseil de son pasteur avant d'être baptisé.

Il est intéressant de noter que les partisans du baptême par immersion « dédient » leurs bébés dans beaucoup d'Eglises. Cela souligne le fait qu'ils sentent le besoin d'inviter les parents et l'assemblée à leur tâche d'élever les enfants dans les choses de Dieu. On croit aussi que Dieu ne refuserait pas sa bénédiction à un enfant jusqu'à son immersion.

En outre, et de l'autre côté de la question est le fait que le baptême des enfants n'est pas suffisant en lui-même. Il doit être suivi des soins, de l'éducation et de la confirmation ou de choses semblables. Il est donc absolument nécessaire qu'une personne baptisée lorsqu'elle était un bébé se rende compte qu'elle doit prendre sa décision pour Christ à un âge quand elle a atteint l'âge de raison.

Lecture biblique

Actes 1.4-5, 8 ; 2.37-42 ; 16.31-34 ; 18.8 ; 1 Corinthiens 12.12-13 ; Tite 3.1-7 ; Jean 3.1-21 ; Matthieu 28.16-20 ; Romains 6.1-11 ; Galates 3.23-29 ; 1 Pierre 3.18-22 ; Colossiens 2.11-15.

Questions à discuter

1. Que voulons-nous dire par le mot « sacrement ? »

2. Que sont les sacrements selon la théologie protestante et combien y en a-t-il ? Selon la théologie catholique romaine ? Discutez des significations du baptême.

3. Quelle relation y a-t-il entre la signification et le mode du baptême ?

4. Discutez la position concernant le baptême des adultes ou des croyants par immersion. Parlez du baptême des enfants par aspersion. Quelle évidence biblique y a-t-il pour chaque position ?

13
LE SACREMENT DE LA SAINTE CENE

Comme le baptême, la sainte cène est un sacrement. Il a été institué par Jésus (Matthieu 26.26-29 ; Marc 14.22-25 ; Luc 22.19-20 ; 1 Corinthiens 11.23-25). Il est un moyen de grâce divine quand il est convenablement observé. Il est exprimé par des signes externes et visibles : le pain et le vin. Il signifie une œuvre interne dans l'individu qui y prend part.

La sainte cène était célébrée probablement lors d'un repas (appelé *agape*) autrefois (Matthieu 26 ; 1 Corinthiens 11), et elle est le remplacement dans le Nouveau Testament du repas de la Pâque de l'Ancien Testament. Quelques chrétiens célèbrent toujours la sainte cène par un simple repas (L'Eglise des Frères, qui combine le lavage des pieds avec un repas), mais généralement le morceau de pain et un peu de vin sont à présent employés au lieu d'un repas.

CE QUE LA SAINTE CENE SIGNIFIE

La sainte cène peut avoir plusieurs significations exactes. Ces significations doivent être clarifiées et gardées dans la pensée.

A. La signification de la croix et des souffrances de Christ

Le pain brisé sert à rappeler au participant le corps brisé de Jésus sur la croix, tandis que le vin rappelle son

Le sacrement de la sainte cène

sang versé. La cène devrait nous rappeler fortement les souffrances extrêmes de Christ, évoquant l'amour dans le cœur et une plus grande appréciation des bienfaits de l'expiation. En effet, la sainte cène signifie que l'œuvre rédemptrice a été réellement accomplie. Quand on partage le pain et le vin, on partage symboliquement le Christ crucifié. C'est-à-dire, l'individu profite personnellement de la croix, de l'amour donné et démontré, et du salut offert.

B. La signification de la vitalité spirituelle

Quand on prend les éléments du pain et du vin par la foi, il symbolise le fait que Dieu nourrit son âme. Précisément comme le pain et la boisson rajeunissent le corps physique, ainsi dans le pain et le vin Dieu donne de la vie, de la force et de la joie à la partie spirituelle d'une personne.

C. La signification de la communion des croyants

Quelquefois nous appelons la sainte cène la « communion ». Pourquoi ? Parce qu'elle symbolise, souligne et nous rappelle le fait que nous vivons en communauté, une communauté des croyants appelée l'Eglise. Le sacrement symbolise la « solidarité » des chrétiens. Il démontre notre unité en Christ et augmente notre sentiment de communion. « Nous qui sommes plusieurs, nous formons un seul corps ; car nous participons tous à un même pain » (1 Corinthiens 10.17).

On ne doit jamais participer à la table du Seigneur avec de la rancune contre quelqu'un (voir Matthieu 5.23-24). Les vrais chrétiens sont un en Christ sous sa croix, car tous participent également aux bénéfices de Christ et de sa croix. La race, la couleur ou la confession ne sont pas des facteurs de discrimination. Les vrais chrétiens sont unis en Christ et la célébration de la cène nous rappelle ce fait important. En outre, elle constitue, pour le participant, un puissant encouragement à contribuer au maintien de l'unité et de l'harmonie dans l'Eglise.

D. La Cène du Seigneur est un signe de son second avènement

Christ lui-même associait son second avènement et son triomphe à la Cène (Marc 14.25 ; Matthieu 26.29 ; Luc 22.15-18), et Paul dit : « Car toutes les fois que vous mangez ce pain et que vous buvez cette coupe, vous annoncez la mort du Seigneur, jusqu'à ce qu'il vienne » (1 Corinthiens 11.26). La cène est une activité importante dans l'intervalle de sa mort et de son retour. Elle nous rappelle non seulement sa mort, mais aussi le fait qu'il reviendra.

LA PRESENCE DE CHRIST DANS LA SAINTE CENE

Christ est-il présent dans la sainte cène ? Les chrétiens sont d'accord que Christ par son Esprit est présent d'une manière ou d'une autre. Historiquement cette doctrine de la présence de Christ dans la cène est appelée la « présence réelle ». Mais comment est-il réellement présent dans la cène ? Quatre réponses principales ont été données à cette question.

A. Calvin : La présence mystique

La première réponse à considérer est celle donnée par Jean Calvin. Il disait que Christ était présent dans la cène dans un sens spirituel. D'une manière mystique mais réelle, Christ est là s'entretenant avec le participant. Calvin disait, en outre, que pour le croyant, la sainte cène représente le gage de ce que Dieu a accompli pour lui. Les valeurs de la croix et de ses résultats sont présentes dans le sacrement et sont réellement appliquées au cœur qui croit.

B. Zwingli : un mémorial

Zwingli, comme Calvin, était un réformateur suisse du seizième siècle. Mais il différait de Calvin dans sa vue de la présence de Christ dans la cène sacramentelle. Pour Zwingli, ce n'est pas la présence de Christ qui devrait être soulignée, mais plutôt la cène comme un mémorial de la mort et des souffrances de Christ. Prendre le pain et le vin, c'était témoigner du fait que le participant s'était abandonné au Christ de la croix. Zwingli mettait peu en relief ce que le sacrement lui-même fait pour le croyant, mais soulignait fortement l'idée d'un mémorial de la mort de Christ.

C. L'Eglise catholique romaine : la transsubstantiation

Le point de vue de l'Eglise catholique romaine de la présence de Christ est appelée la transsubstantiation. Cela veut dire que Christ est réellement et physiquement dans le pain et le vin. Les paroles de Jésus, « Ceci est mon corps » (Matthieu 26.26), sont prises littéralement, et les catholiques croient que le pain de l'eucharistie (la sainte cène) devient réellement le corps de Christ et que le vin devient réellement son sang. L'appui de cette opinion est trouvé dans l'interprétation catholique de Jean où Jésus dit : « Je suis le pain de vie » et « Je suis le pain vivant » (6.48, 51), dont les mots sont pris littéralement, comme en Matthieu 26.26.

Pour tenir cette position, les catholiques doivent jongler beaucoup avec leurs idées. Ils les font de cette manière : Quand le prêtre bénit les éléments, disent-ils, selon toute apparence extérieure le pain et le vin restent les mêmes. Les traits d'odeur, de toucher et de goût restent sans changement, mais la substance des éléments change en chair et en sang actuels, la chair et le sang de Christ. Evidemment, ils distinguent entre la substance et l'apparence extérieure, ou ce que l'on appelle les attributs (les caractéristiques physiques).

Pour beaucoup de gens, les catholiques n'ont pas réussi à expliquer comment le pain et le vin peuvent changer sans paraître le faire.

D. Luther : la consubstantiation

L'opinion de Martin Luther, modifiée parfois par les luthériens d'aujourd'hui, est appelée la consubstantiation, et non la transsubstantiation. Luther maintenait que, quoique le pain et le vin restent pain et vin, le sang et le corps du Christ sont actuellement ensemble avec le pain et le vin. Ainsi le participant reçoit réellement le corps et le sang de notre seigneur qui nourrissent son esprit. On croit que Christ accompagne le pain et le vin dans un sens très littéral et très local. Il est vraiment là.

Conclusion

Beaucoup de presbytériens et d'autres diraient que Calvin est celui qui s'est rapproché le plus du sens biblique de là présence réelle de Christ dans la cène. La plupart des baptistes croient que l'idée de « mémorial » de Zwingli est plus correcte. Les catholiques romains et orthodoxes grecs acceptent l'idée de la transsubstantiation. La plupart des luthériens acceptent l'idée de la consubstantiation. Mais quelle que soit l'opinion soutenue, tous sont d'accord que d'une manière ou d'une autre, Christ est présent dans sa sainte cène.

Que Dieu en Christ soit réellement présent dans la cène est peut-être plus facilement compris si nous nous rappelons la doctrine de l'omniprésence de Dieu. Nous disons que Dieu est partout présent, pas tellement dans, mais transcendant l'espace et les choses. Dieu est partout, et il est présent « là où deux ou trois sont assemblés » pour adorer (Matthieu 18.20). Dans la cène du Seigneur il est présent d'une manière très spéciale. Donald Baillie, dit : « Le Dieu qui a été incarné en Jésus emploie le symbolisme du sacrement comme un moyen spécial pour éveiller la foi de son peuple pour qu'ils puissent le recevoir, puisque la foi est la voie par laquelle la présence la plus intime de Dieu vient aux hommes dans cette vie terrestre. » A ces bonnes paroles nous pouvons ajouter ceci, que le Saint-Esprit applique et rend authentique au cœur du participant la présence réelle de Christ.

PRENDRE LA SAINTE CENE AU SERIEUX

On aurait absolument tort de croire que l'on puisse prendre à la légère la sainte cène, car c'est une cérémonie très sacrée et elle peut avoir une profonde signification, si l'on s'est proprement préparé à y participer.

A. La Parole et le sacrement

Le sacrement et la Parole sont des véhicules de la même grâce divine. Le sacrement ne fait qu'étendre et

Les croyances de base

augmenter l'efficacité de la Parole de Dieu dans la vie du croyant. La Parole et le sacrement nous rapprochent davantage de Christ. Les deux nourrissent l'âme, les deux ajoutent de la vitalité spirituelle, les deux augmentent le sentiment de l'Esprit dans le cœur.

Alors si nous devrions prendre au sérieux la Parole de Dieu, nous devrions aussi prendre au sérieux la sainte cène. Et cependant, nous prenons souvent la sainte cène comme quelque chose d'ordinaire, notre esprit errant d'une chose à l'autre. Il n'est guère étonnant que nous entendions la complainte que la sainte cène est sans signification ! Si l'on n'écoute pas la Parole, on ne peut pas en profiter. De plus, si l'on ne vient pas à la table du Seigneur dans une attitude de méditation et d'attente, on ne peut pas profiter de cette source de grâce offerte.

B. L'examen de soi et la sainte cène

Que peut faire le participant pour que la cène du Seigneur ait plus de sens ? Quand il vient à la table, il doit être préparé dans les façons suivantes.

1. Tout d'abord, il doit croire en Jésus-Christ. Paul dit : « Celui qui mange et boit sans discerner le corps du Seigneur, mange et boit un jugement contre lui-même » (1 Corinthiens 11.29). La *didache,* un document chrétien qui date d'environ l'an 100 après J.-C., dit : « Si un homme est saint, qu'il vienne [à la table du Seigneur] ; s'il ne l'est pas qu'il se repente. »

2. Si par hasard quelqu'un n'est pas en accord avec un frère dans l'Eglise, il doit demander pardon, se réconcilier avec son semblable avant de venir à la table

(voir Matthieu 5.23-24). Un des buts de servir la sainte communion est de maintenir l'harmonie dans l'Eglise.

3. Finalement, une fonction très importante de la préparation se rapporte à l'attitude. Nous devons venir à la table de notre seigneur dans un esprit de vraie méditation et de vraie révérence, nous attendant (c'est le mot important) à ce que Dieu se révèle à nous à sa manière et qu'il pourvoie à nos besoins individuels.

Lecture biblique

Matthieu 26.26-29 ; Marc 14.22-25 ; Luc 22.19-20 ; 1 Corinthiens 10.16-17 ; 11.23-25 ; Matthieu 18.15-20 ; 5.1-26.

Questions à discuter

1. Que signifie la sainte cène ?

2. Résumez les quatre vues de la présence réelle. Vers laquelle vous penchez-vous ? Pourquoi ?

3. De quelles manières doit-on se préparer à participer à la sainte cène ?

14

L'IMMORTALITE ET LES CHOSES A VENIR

Après la mort qu'est-ce qui nous arrive ? C'est à cette question que nous accordons maintenant notre attention.

LA REALITE DE LA MORT

La mort physique est une réalité. Certains cultes religieux essaient de nous faire nier le fait de la mort. Mais si la mort n'est pas réelle où sont nos amis et nos bien-aimés qui étaient avec nous autrefois ? Ils ne sont absolument plus avec nous.

A. La mort et la punition

Les Saintes Ecritures enseignent que la mort n'est pas seulement un fait, la séparation réelle du corps d'avec l'âme, mais aussi que c'est une punition pour le péché. « Comme par un seul homme le péché est entré dans le monde, et par le péché la mort, et qu'ainsi la mort s'est étendue sur tous les hommes. parce que tous ont péché » dit Paul en Romains 5.12 (voir aussi 5.17). En Romains 6.23. Paul dit que « le salaire du péché, c'est la mort » (voir aussi 1 Corinthiens 15.21-22).

B. L'influence salutaire de la mort

Malgré le fait que la mort est réel et terrible, elle a ses bienfaits dans la communauté. La mort est un rappel sobre à tout le monde, au pécheur comme au croyant. Elle nous rappelle que cette vie sur la terre est temporaire. Elle nous rappelle que nous devons toujours être prêts à mourir. Elle nous rappelle que ni l'argent, ni la puissance, ni le prestige ne sont éternels et, par conséquent, ne sont pas les choses les plus importantes dans la vie. La mort amène les hommes en présence des valeurs et des vérités éternelles. C'est pourquoi assister à un enterrement tend à éliminer de notre esprit les idées et les ambitions superflues, et nous aide à nous orienter de nouveau vers les buts nobles dans la vie.

Beaucoup de gens espèrent que les enterrements ne cesseront jamais d'être des cérémonies publiques, et qu'en outre la pratique des funérailles religieuses continue. L'Eglise est un centre communautaire, et les grands événements religieux de la vie (baptême ou présentation des enfants, et réception comme membre d'Eglise, mariage, et décès) doivent être identifiés matériellement avec l'Eglise pour être mis en relief et pour un témoignage public.

L'ESPRIT NE MEURT JAMAIS

L'esprit, ce quelque chose qui donne la vie et qui est la vie, qui cause le mouvement et la parole, ne meurt jamais. Le corps meurt, mais pas la personne intérieure ou l'esprit. La mort physique ne met pas fin au principe de vie de la personne elle-même. La mort physique n'est qu'un pas dans la marche continuelle et éternelle de la vie consciente. A ce propos, vous feriez bien de lire 1 Corinthiens 15.

A. Quelques notions fausses concernant ce qui se passe à l'esprit après la mort

1. Le purgatoire. Une doctrine fausse enseignée par les catholiques est celle du purgatoire. On croit qu'après la mort on va au purgatoire sauf si l'on est assez bon pour entrer immédiatement au ciel. La plupart des hommes ne sont pas assez bons, disent les catholiques, et doivent donc travailler à leur salut au purgatoire par la souffrance et un processus de purification. Les prières et les bonnes œuvres des chrétiens vivant sur la terre peuvent raccourcir le temps qu'un ami ou un bien-aimé reste au purgatoire.

Cependant, les Ecritures ne soutiennent nulle part cette doctrine, même si certains passages sont cités à l'appui de cette croyance (par exemple, Esaïe 4.4 ; Matthieu 12.32). L'appui principal est trouvé en 2 Maccabées 12.43-45, où l'on cite des sacrifices et des prières pour les morts, « afin qu'ils fussent délivrés de leurs péchés » (version *Crampon*). Se basant sur ce texte, les catholiques ont tiré la conclusion qu'il doit y avoir un purgatoire hors duquel les gens peuvent être relâchés par la prière. Mais 2 Maccabées n'est pas un livre canonique chez les protestants. C'est-à-dire, il n'est pas admis comme une partie des Saintes Ecritures authentiques.

2. L'opinion catholique concernant la mort des bébés non baptisés. Les bébés qui meurent non baptisés, disent les catholiques, vont dans un lieu appelé *limbus infantum* ou les *limbes*. Ces enfants ne peuvent jamais arriver au ciel parce qu'ils n'ont pas obéi au commandement biblique d'être baptisé d'eau et d'Esprit (Jean

3.5). Ils sont ainsi privés du ciel, mais on suggère qu'ils ne souffrent pas la douleur ou la torture.

3. L'opinion catholique concernant les croyants de l'Ancien Testament. Ceux qui sont morts avant Christ et qui ont été de bons croyants juifs sont allés dans un lieu appelé *limbus patrum*. Les Catholiques disent que Christ, après sa mort, est allé en ce lieu et a amené ces croyants au ciel avec lui.

4. L'âme endormie. Quelques sectes croient qu'à la mort l'âme « dort » jusqu'a la résurrection générale et le jugement. L'âme est certainement vivante, mais inconsciente. Quelques-uns acceptent cette doctrine sur le principe que, lorsque la Bible parle de la mort, elle en parle comme d'un « sommeil » (voir, par exemple, le récit de la mort d'Etienne en Actes 7.60). Mais la position orthodoxe est que le sommeil est une métaphore pour la mort. De plus, il est clair dans la Bible que les croyants, à leur mort, vont immédiatement et consciemment dans la présence de leur seigneur. L'histoire de Lazare (Luc 16.19) documente cette vérité (voir aussi Philippiens 1.23).

5. L'anéantissement. Il y a ensuite ceux qui croient que les pécheurs sont annihilés, c'est-à-dire, détruits. Les versets employant des termes comme « la mort » ou « la destruction » sont pris dans le sens que l'âme d'une personne cesse d'exister après la mort et que la cessation de l'âme est, en elle-même, une punition (enfer) pour l'incroyance. Mais la Bible rend clair le fait que les pécheurs existent à jamais (Matthieu 25.46).

6. Une seconde chance. Cette doctrine enseigne qu'après la mort chaque incroyant aura encore une der-

nière chance de décider pour ou contre Christ. Cela aura lieu avant la résurrection générale et le jugement. Quelques-uns croient que ceux qui sont morts dans leurs péchés iront en enfer proprement dit, mais que l'enfer n'est qu'une école où l'on est préparé pour le ciel. D'autres sont vagues concernant l'état de l'incroyant à la mort, et disent seulement que Dieu leur donnera une seconde chance d'arriver au ciel. Mais les Saintes Ecritures sont claires en enseignant que l'état d'un incroyant est fixé à la mort (Luc 16.19-31).

7. La négation de l'enfer. A ceux qui nient tout à fait l'enfer. La négation est basée sur la croyance que l'enfer n'est qu'une idée qui s'est développée dans l'esprit de la race (la même explication est donnée du diable, qui n'est qu'une « idée »). « Mais l'enfer lui-même n'existe pas », disent-ils. Leur argument est qu'un Dieu bienveillant et bon ne permettrait à personne de souffrir la punition éternelle. En fait, tous iront au ciel. C'est ce qu'on appelle la doctrine de l'universalisme. Mais l'enseignement clair des Saintes Ecritures est qu'il y a un ciel et qu'il y a un enfer, et que, si certains iront au ciel, d'autres iront en enfer (comparez Matthieu 10.28 ; Luc 12.5 ; Matthieu 5.3, 12, 20 ; Marc 10.21).

8. La négation du ciel et de l'enfer. Certains penseurs nient toute vie après la mort. « La mort met fin à tout », disent-ils. Au mieux, l'immortalité est sociale. C'est-à-dire, le nom, le souvenir et l'influence d'une personne se perpétuent dans la race humaine. Ils prétendent qu'il n'y a pas d'évidence démontrable pour la vie après la mort. Cela veut dire que nous ne pouvons pas montrer vraiment « la preuve positive » que la personne ou l'esprit survit. Naturellement, celui qui ne croit pas dans

les Ecritures pourrait tirer une telle conclusion, bien qu'il y ait quelques arguments philosophiques très convaincants en faveur de l'immortalité. Le temps et l'espace dont nous disposons ici ne permettent pas d'esquisser tous les arguments philosophiques et psychologiques pour l'immortalité, mais C. S. Lewis a peut-être mis au point un des meilleurs arguments sur le sujet lorsqu'il a écrit :

> *Les créatures ne sont nées avec des désirs que si le moyen de satisfaire ces désirs existe. Un bébé a faim, alors, il y a de la nourriture. Un canardeau veut nager, alors, il y a de l'eau. ... Si je trouve en moi-même un désir qu'aucune expérience en ce monde ne peut satisfaire, l'explication la plus probable est que je suis créé pour un autre monde.*

B. Conclusion et résumé

Toutes les réponses concernant ce qui nous arrive après la mort ne nous sont pas données dans la Bible. Il n'est pas vraiment nécessaire que l'on nous dise plus. Mais les Ecritures enseignent qu'il y a un ciel et un enfer et que l'esprit entrera dans l'un ou l'autre, selon son rapport avec Dieu à la mort. La Bible enseigne aussi que là où l'on va à la mort, on y restera pour l'éternité.

LE RETOUR DE CHRIST, LA RESURRECTION GENERALE ET LE JUGEMENT DERNIER

Il y a une autre dimension à l'immortalité qui est aussi enseignée clairement dans l'Ecriture Sainte. Celle-ci concerne le retour de notre seigneur, quand la résurrection générale des morts et leur jugement final auront lieu.

A. Le retour de Christ basé sur l'Ecriture sainte

La Bible enseigne nettement que Christ reviendra. En effet, le second avènement est souligné dans le Nouveau Testament. Jésus parlait de son propre retour (Matthieu 24.30 ; 25.31 ; 26.64). Actes 1.11 est une fameuse promesse de son retour, et le fait est aussi mentionné dans les épîtres (1 Thessaloniciens 4.15-16 ; Hébreux 9.28, pour ne citez ces deux). Les Ecritures enseignent qu'il viendra subitement, peut-être au moment où nous l'attendons le moins (Matthieu 24.40-42, 44 ; 1 Thessaloniciens 5.2), et qu'il reviendra en personne (voir encore Actes 1.11).

Quelle devrait être notre attitude aujourd'hui à l'égard de cette doctrine biblique ? Elle ne devrait pas être une attitude qui consiste à « fixer une date ». Personne ne sait l'heure de son retour (Marc 13.32 ; Luc 12.40), et ce n'est pas l'affaire du chrétien de s'occuper du temps où ce retour aura lieu. Sa tâche est de se préparer (Marc 13.33 ; Luc 12.40) et d'inviter d'autres à se préparer. En plus, l'attitude du chrétien ne devrait pas être seulement de se mettre prêt au lieu de « fixer une date », mais aussi une disposition d'espérance plutôt qu'une attitude pessimiste. Les chrétiens des temps modernes ont souvent été craintifs dans leur attente du second avènement. Mais l'enseignement du Nouveau Testament était donné pour l'encouragement des chrétiens du premier siècle. Quelqu'un a suggéré que les premiers chrétiens disaient tôt chaque matin, à propos de la seconde venue : « C'est peut-être aujourd'hui ! Quelle allégresse si Christ venait aujourd'hui ! » pensaient-ils. Nous aussi devrions avoir cette attitude, car quand il viendra, nos épreuves et nos souffrances terrestres prendront fin, et c'est alors que la vie sera vécue pleinement.

B. La résurrection et le jugement

Le but du second avènement de Jésus est d'établir le futur et éternel royaume de Dieu, auquel tous les croyants auront part. A sa venue il ressuscitera les morts (Matthieu 22.23 et les suivantes) et il prononcera un jugement final sur tout le monde (Jean 5.28-29). La résurrection sera corporelle, et le corps sera réel mais spirituel (1 Corinthiens 15), apparemment le même genre de corps que Christ avait après sa résurrection (Philippiens 3.21).

Christ sera le juge des ressuscités (Matthieu 25.31--32), et il jugera tous ceux qui ont jamais vécu (Matthieu 25.32). Christ sera un juge juste, jugeant selon le degré de lumière que chacun avait eu. Et il semble qu'il y aura des récompenses pour les justes et des degrés de punition pour les injustes (Matthieu 11.24 ; Luc 12.47-48 ; 20.47).

C. Le ciel et l'enfer

Après le jugement, Christ donnera à chaque personne sa récompense méritée, soit au ciel soit en enfer, selon le cas (Matthieu 25.46). Le ciel et l'enfer sont des lieux réels, et ils sont tout à fait contraires, l'un à l'autre. Dans l'un il y a la communion avec Dieu, et dans l'autre l'absence totale de Dieu, ce qui est l'essence de l'enfer, comme l'essence du ciel est la communion avec Dieu. Dans l'un il y a la perfection, dans l'autre il y a la frustration complète. L'un est de la nature de la construction, de l'intégration et de tout ce qui est bon ; l'autre est de la nature de la destruction, du dérèglement et de tout ce qui est mauvais.

Voici la chose importante dont il faut se souvenir : la clef pour entrer au ciel est d'accepter Christ comme sauveur et seigneur personnel et de produire le fruit de la vie en Christ.

Lecture Biblique

Romains 5.12-21 ; 6.23 ; 1 Corinthiens 15.21-22 ; Luc 16.19-31 ; Marc 13 ; Luc 12.35-48 ; Jean 5.25-29 ; Philippiens 3.17-21 ; Matthieu 25.31-46 ; 11.22-24 ; Hébreux 9.28 ; Actes 1.9-11 ; 1 Timothée 6.14 ; 1 Thessaloniciens 1.5 — 2.15.

Questions à discuter

1. Pouvez vous suggérer quelques souvenirs salutaires qui nous viennent en présence de la mort ?

2. Résumez les faux enseignements concernant ce qui se passe après la mort.

3. Qu'est-ce qui se passera lors du second avènement ?

4. Considérez l'argument de C. S. Lewis en faveur de la vie après la mort.

BIBLIOGRAPHIE

Baillie, D. M., *God Was in Christ.* New York : Scribner's & Sons, 1955.

Baillie, D.M., *The Theology of the Sacraments.* New York : Charles Scribner's Sons, 1957.

Berkhof, Louis. *Manual of Christian Doctrine.* Grand Rapids, Michigan (Etats-Unis) : Eerdmans Publishing Co., 1953.

Cullman, Oscar. *Baptism in the New Testament.* Chicago : Henry Regnery Company, 1950.

Lewis, C. S. *Surprised by Joy : The Shape of my Early Life.* New York : Harcourt, Brace and Co., 1955.

Lewis, C. S. *The Case for Christianity.* New York : The Macmillan Co., 1944.

Lewis, C. S. *Voilà pourquoi je suis chrétien.* Guebwiller (France) : Editions Ligue pour la lecture de la Bible, 1979.

Mackay, John A. *A Preface to Christian Theology.* New York : The Macmillan Co., 1941.

Purkiser, W. T. et al. *Exploring the Old Testament.* Kansas City, Missouri : Beacon Hill Press of Kansas City, 1955.

Sangster, W. E. *The Path to Perfection.* Nashville : Abingdon, 1943.

Sangster, W. E. *The Pure in Heart : A Study in Christian Sanctity.* London : The Epworth Press, 1954.

Whale, J. S. *Christian Doctrine.* New York : The Macmillan Co., 1941.

Wiley, H. Orton et Paul Culbertson. *Introduction à la théologie chrétienne.* Kansas City, Missouri (Etats-Unis) : Editions Foi et Sainteté, 1940.

TABLE DE MATIERES

DEDICACE 5

AVANT-PROPOS 6

1 DIEU EXISTE-T-IL VRAIMENT ? 7

2 QUI EST DIEU ? 18

3 LA RELATION ENTRE DIEU ET
   LA DOCTRINE CHRETIENNE 29

4 LA BIBLE 36

5 L'HOMME ET SON PECHE 45

6 L'OPTIMISME CONTRE LE PESSIMISME 55

7 QUI EST JESUS-CHRIST ? 65

8 JESUS-CHRIST ET SON EGLISE 74

9 QU'EST-CE QUE L'EXPIATION ? 85

10 LA REPENTANCE ET LA CONVERSION 93

11 QU'EST-CE QUE LA SANCTIFICATION ? 103

12 LE SACREMENT DU BAPTEME 115

13 LE SACREMENT DE LA SAINTE CENE 125

14 L'IMMORTALITE ET LES CHOSES A VENIR 133

BIBLIOGRAPHIE 142

www.ingramcontent.com/pod-product-compliance
Lightning Source LLC
Chambersburg PA
CBHW031358040426
42444CB00005B/343